TOEIC® TEST
最頻出語
スピードマスター

スコア600
精選1400

成重 寿
Narishige Hisashi

ビッキー・グラス
Vicki Glass

Jリサーチ出版

TOEIC is a registered trademark of Educational Testing Service (ETS).
This publication is not endorsed or approved by ETS.

受験者へのメッセージ

▶スコア600点クリアに必須の英単語

　TOEIC TEST で好スコアを獲得するには語彙力が絶対に必要です。

　しかし、大学生の皆さんをはじめ、英語を勉強している社会人の方も、語彙力の不足によって、TOEIC のスコアが伸び悩んでいる人が多いのが実情です。

　本書は既刊の『TOEIC TEST 英単語スピードマスター』のベーシック版として作成されたものです。TOEIC のスコア600点を目標とする受験者が、効率的に基礎語彙をマスターできることを目的としています。

　本書の特徴は、収録する単語・表現を、確実に身につけておくべき約1400語に絞り込んだことです。「動詞」「形容詞・副詞」「名詞」をそれぞれ200語（計600語）、イディオムを160語収録しています。また、TOEIC をはじめて受ける方や、ビジネス英語に不慣れな方に配慮して「ビジネス語」を450語収録しました。

　語数は一見すると少ないように思われますが、どれもが重要で、使用頻度が高いものなので、覚えておけば語数以上のパワーを発揮するでしょう。

▶例文で覚えて、運用力も身につけよう

　TOEIC は実際のビジネスを反映した試験です。ですから、ビジネスで普通によく使う単語や表現は、TOEIC にもよく出ます。

　例えば、書類やレポートを「提出する」は submit、求人に「応募する」は apply for、「約束」に「都合がいい」はそれぞれ appointment、convenient です。また、仕事やプロジェクトを「担当している」に

は in charge of というイディオムを使います。

　本書は、こうした例のような、実際に TOEIC でもビジネスでも必須の単語・表現をしっかりカバーしています。

　TOEIC はリスニング・セクションとリーディング・セクションに分かれていて、問題数（それぞれ 100 問）も配点（それぞれ満点は 495 点）も同じです。

　リスニングは音声がナチュラルに近いスピードで流れ、しかも聞けるのは一度だけです。したがって、単語は実際に話される音で身につけておく必要があります。本書の見出し語の例文はすべて CD（2 枚）に収録されているので、何度も聞いて、音声としてしっかりインプットすることをお勧めします。

　リーディングでは、見て分かれば対応できると言えますが、Part 5 の空所補充問題では、用法が問われることがあります。ですから、やはり例文で用法を確認しておくことが大切です。

　スコア 600 点は、基礎がしっかりできていれば、だれもが到達できる目標です。英語の得手不得手も関係ありません。本書でボキャブラリーの基礎を仕上げて、ぜひ目標のスコアをクリアしてください。

　それでは皆さん、一緒に頑張りましょう。

著者一同

Contents

受験者へのメッセージ……………………………………… 2
TOEIC 600点を獲得する5つのボキャブラリー戦略……… 6
本書の利用法 ………………………………………………… 12

第1章 基本動詞 200語 …………………… 15
　LEVEL 1 ……………………………… 16
　LEVEL 2 ……………………………… 40

第2章 基本形容詞・副詞 200語 ………… 65
　LEVEL 1 ……………………………… 66
　LEVEL 2 ……………………………… 90

第3章 基本名詞 200語 …………………… 113
　LEVEL 1 ……………………………… 114
　LEVEL 2 ……………………………… 135

One-Point Advice

① Part 1 は動作・モノ・位置関係に注意………… 64
② Part 2 はオフィス会話の基本語で足りる……… 89
③ Part 3・4 で求められるのは基本語の運用力…134
④ Part 5 の語彙問題の特徴 ……………………… 156
⑤ Part 6 は内容把握も必要 ……………………… 169
⑥ Part 7 の単語問題は文脈重視 ………………… 194
⑦ 言い換えに慣れよう …………………………… 206
⑧ リスニングに長考は禁物 ……………………… 213
⑨ リーディングは最後まで解く必要はない …… 220

第4章 ビジネス語 450語 ……………… 157

- ① 採用 …………… 158
- ② 人事 …………… 161
- ③ 会社・経営 ……… 164
- ④ 会議・プレゼン …… 167
- ⑤ マネー・経済 …… 170
- ⑥ 財務・会計 ……… 173
- ⑦ 製造・輸送 ……… 176
- ⑧ マーケティング・販売 … 179
- ⑨ ショッピング …… 182
- ⑩ 取引・契約 ……… 186
- ⑪ 空港・機内 ……… 189
- ⑫ 旅行・レジャー …… 192
- ⑬ 交通 …………… 195
- ⑭ オフィス ………… 198
- ⑮ ペーパーワーク …… 201
- ⑯ イベント ………… 204
- ⑰ 健康・医療 ……… 207
- ⑱ 日常生活 ………… 210
- ⑲ 住居・不動産 …… 214
- ⑳ 食事・料理 ……… 217

第5章 イディオム 180語句 ……………… 221

LEVEL 1 ……………………………… 222
LEVEL 2 ……………………………… 237

APPENDIX

Part 1（写真問題）の要注意表現 ……………… 253
まぎらわしい単語 ……………………………… 256

INDEX ……………………………………… 259

TOEIC 600点を獲得する 5つのボキャブラリー戦略

TOEICで得点を伸ばすには語彙力が必須です。しかし、TOEICにはやみくもに難しい単語ばかりが出るわけではありません。まず、TOEICの語彙の特徴を知って、効果的で効率的なボキャブラリー戦略を立て、実行しましょう。

戦略① TOEIC英単語の特徴を知ろう

　TOEICの英単語の学習を始める前に、まずどんな単語を覚えるべきか知っておきましょう。そのためには、TOEICがどんな試験かを知る必要があります。
　TOEICは一言で言えば、「国際ビジネス英語」のテストです。
　実際のビジネスの現場で使う英語の力が試されるので、オフィス会話や電話、メール、会議、求人広告、報告書など、ビジネスをめぐるさまざまなシーン・話題がテーマとなります。
　したがって、語彙の面では、高校・大学までのアカデミックな語彙とはかなり趣を異にします。つまり「高校・大学の語彙」と「ビジネス語彙」のギャップを埋めることが対策のポイントになります。
　TOEICは「国際ビジネス英語」と書きましたが、「国際」の部分にも注目してください。TOEICでは世界どこでも通じるビジネス英語を対象としており、アメリカやイギリスのローカル色の強い表現はほとんど使われません。いわゆるスラングや、ネイティブらしいと言われる難しい動詞句は覚える必要はないのです。
　国際ビジネス英語の語彙には一定の範囲があるので、学習しやすいということを知っておいてほしいと思います。どんな単語が出るか分からないニュースや小説などに比べれば、語彙の面でTOEICは圧倒的に対応しやすいのです。

戦略② ビジネス英語を攻略せよ

　日本で中学・高校から大学まで、一般的な英語教育を受けてきた人はふつうビジネス語が身についていません。
　例えば、次のような表現を知っているでしょうか。

(help wanted)　(résumé)　(handout)　(itinerary)　(expiration date)

それぞれ次のような意味です。

(求人広告)　(履歴書)　(配付資料)　(旅行日程)　(有効期限)

　こうした単語・表現はビジネスでよく使い、TOEICにも頻出します。本書では第4章で「ビジネス語」を450語まとめて学習します。「採用」「人事」「会議・プレゼン」「マーケティング・販売」など、TOEICの頻出テーマに合わせて、20のジャンルで、重要語を紹介しています。
　はじめてTOEICを受ける人や、試験日が迫っていて時間のない人もいることでしょう。ビジネス語の見出し語には、特に重要なものに★印を付けています。★の付いた単語は約240語です。ひとまず、これらを覚えておくだけでも、本番の試験で威力を発揮するはずです。

戦略③ 基本語には運用力を吹き込め

　学校英語とビジネス英語には共通する語彙もたくさんあります。
　例えば、adopt（採用する）、expect（期待する）、effective（効果的な）、opportunity（好機；チャンス）などは、大学入試でも重要語ですが、ビジネスでも同じように基礎となる重要語です。こうした単語は単に知っているだけでなく、用法を知り、耳で聞いて分かるようにしておく必要があります。
　TOEICでは、リスニング・セクションの配点は全体の半分で、動詞・形容詞・副詞・名詞の重要なものは、会話やアナウンスの中で頻繁に使われます。音として覚え、文中で把握して、瞬時に理解することが求められ

ます。

　リーディング・セクションのPart 5やPart 6では、基本語の用法やニュアンスを知らないと答えられない設問もあります。また、Part 7は時間との戦いですから、基本語はスピーディーに読み進めなければなりません。

　第1章「基本動詞」、第2章「基本形容詞・副詞」、第3章「基本名詞」については、知らない単語を覚えながら、知っているものについても用法と音声を身につけるようにしましょう。

　また、見出し語にはできるかぎり重要な派生語を提示し、必要なものには類義語も示しました。これらも一緒に覚えれば、効率的に語彙力増強が図れます。類義語については、TOEICでは問題文と正解選択肢の間で言い換えがなされていることが多いので、この言い換えを突き止めるのにも役立つでしょう。

戦略④ イディオムは絞り込め

　TOEICやビジネス英語と聞くと、イディオムがふんだんに使われるような気がするかもしれませんが、これはまったくの誤解です。

　逆に国際ビジネス英語では、イディオムは限定的にしか使われないのです。ネイティブスピーカーは動詞句をよく使い、豊富な動詞句を使いこなすことがネイティブスピーカーに近づく道だと言われますが、逆の言い方をすれば、非ネイティブには動詞句はイメージしづらく、使いにくいということです。TOEICで使われる動詞句も限られています。

　put off（延期する）、call for（求める）、depend on（依存する）、come up with（考え出す）など、基本的なものがよく登場します。

　また、先にも書きましたが、スラングや、ローカル色の強い言い回し、ことわざの類もまず出ないので、これらはひとまず無視してかまわないと思います。もちろん、TOEICにこだわらず英語力を強化していきたい方はこのかぎりではありません。

　本書では第5章「イディオム」で、160の頻出表現を紹介しています。イディオムは用例と一緒に覚えておかないと使えないので、必ず例文で確認するようにしましょう。

戦略⑤ 例文で覚える、身体全体で覚える

　高校生のころは、単語集を見ているだけで簡単に頭に入ったのに、今ではなかなか単語が覚えられない。この悩みは、社会人に共通するものと言えるでしょう。

　大人になると丸暗記はできなくなり、おまけに勉強に充てられる時間も少なくなりますから、ますます英単語が覚えられなくなるというわけです。

　したがって、うまく覚えられないという前提に立って、対策を立てなければなりません。

　対策の1つは反復することです。単語集は一度で終えるのではなく、何度もリピートして、覚えていない単語、あいまいな記憶の単語を減らしていくことが基本です。

　見出し語はすべて例文に組み込まれ、例文はCDに収録されているので、目で見た後は、耳からも学習するとそれだけ定着率は高まり、同時に運用力も向上します。

　仕上げに、ビジネスシーンを思い浮かべながら、自分で例文を言ってみると、さらにしっかり身につくようになるでしょう。手を使って書いてみるのもいいと思います。要は「目」だけでなく、「耳」「口」、必要なら「手」まで総動員すれば、それだけ確実に単語が身体全体にしみこんでくるというわけです。

　また、TOEICの準備学習では、問題集を必ず解くでしょうから、本書で学習した単語が問題文の中に出てくれば、強い印象を伴って頭にインプットされます。単語学習は、単語集だけでなく、問題集などと並行させて進めるのが効果的です。

▶本書の収録語

収録語の項目別の語数です。見出し語は合計で1410語を収録します。

●第1章　基本動詞	語数
LEVEL 1	100
LEVEL 2	100
(見出し語計)	200
派生・類義・反意・関連語	284
(合計)	484

●第2章　基本形容詞・副詞	語数
LEVEL 1	100
LEVEL 2	100
(見出し語計)	200
派生・類義・反意・関連語	176
(合計)	376

●第3章　基本名詞	語数
LEVEL 1	100
LEVEL 2	100
(見出し語計)	200
派生・類義・反意・関連語	115
(合計)	315

●第5章　イディオム	語数
LEVEL 1	80
LEVEL 2	80
(合計)	160

●第4章　ビジネス語	語数
❶採用	26
❷人事	24
❸会社・経営	22
❹会議・プレゼン	23
❺マネー・経済	23
❻財務・会計	20
❼製造・輸送	30
❽マーケティング・販売	29
❾ショッピング	20
❿取引・契約	20
⓫空港・機内	21
⓬旅行・レジャー	20
⓭交通	19
⓮オフィス	19
⓯ペーパーワーク	22
⓰イベント	20
⓱健康・医療	25
⓲日常生活	24
⓳住居・不動産	20
⓴食事・料理	22
(合計)	450

見出し語合計	1410
総語数	1985

※派生語・類義語等は重複を含みます。

▶学習プランの立て方

TOEIC準備にはリスニング、リーディングなど単語以外の学習時間のほうを長くとる必要があります。単語学習は少しずつ計画的に進めましょう。以下を参考に自分に合った計画を立てましょう。

スタンダード学習プラン　3カ月

3カ月かけて進める標準的な計画です。1日の学習量は25語程度。じっくり時間をかけて取り組むプランです。2回目、3回目の反復は短い期間で。

- **First Try** 　　　　　　　　　　　　　　　　　　　　　**1.5カ月**
  - 第1章　基本動詞　　　　　　　200語　▼　8日
  - 第2章　基本形容詞・副詞　　　200語　▼　8日
  - 第3章　基本名詞　　　　　　　200語　▼　8日
  - 第4章　ビジネス語　　　　　　450語　▼　10日
  - 第5章　イディオム　　　　　　160語　▼　6日
- **Second Try** 　　　　　　　　　　　　　　　　　　　　**1カ月**
- **Third Try** 　　　　　　　　　　　　　　　　　　　　　**0.5カ月**

直前対策学習プラン　1カ月

1カ月ですばやくマスターする計画です。知らない単語のみに絞れば可能です。

- **First Try** 　　　　　　　　　　　　　　　　　　　　　**15日**
  - 第1章　基本動詞　　　　　　　200語　▼　3日
  - 第2章　基本形容詞・副詞　　　200語　▼　3日
  - 第3章　基本名詞　　　　　　　200語　▼　3日
  - 第4章　ビジネス語　　　　　　450語　▼　4日
  - 第5章　イディオム　　　　　　160語　▼　2日
- **Second Try** 　　　　　　　　　　　　　　　　　　　　**10日**
- **Third Try** 　　　　　　　　　　　　　　　　　　　　　**5日**

TOEICビギナーの方へ……第1章（動詞）、第2章（形容詞・副詞）、第3章（名詞）、第5章（イディオム）では、まずLEVEL 1を通して学習するのが近道です。第4章（ビジネス）では、特に重要な単語・表現には★印を付けていますので、まずこちらを優先して覚えましょう。上記に絞れば、覚えるべき単語は約640語となります。

本書の利用法

本書はTOEICの準備をする学習者が、頻出の単語を短時間で効率的に覚えられるように作成された単語集です。全部で5つの章で構成されています。

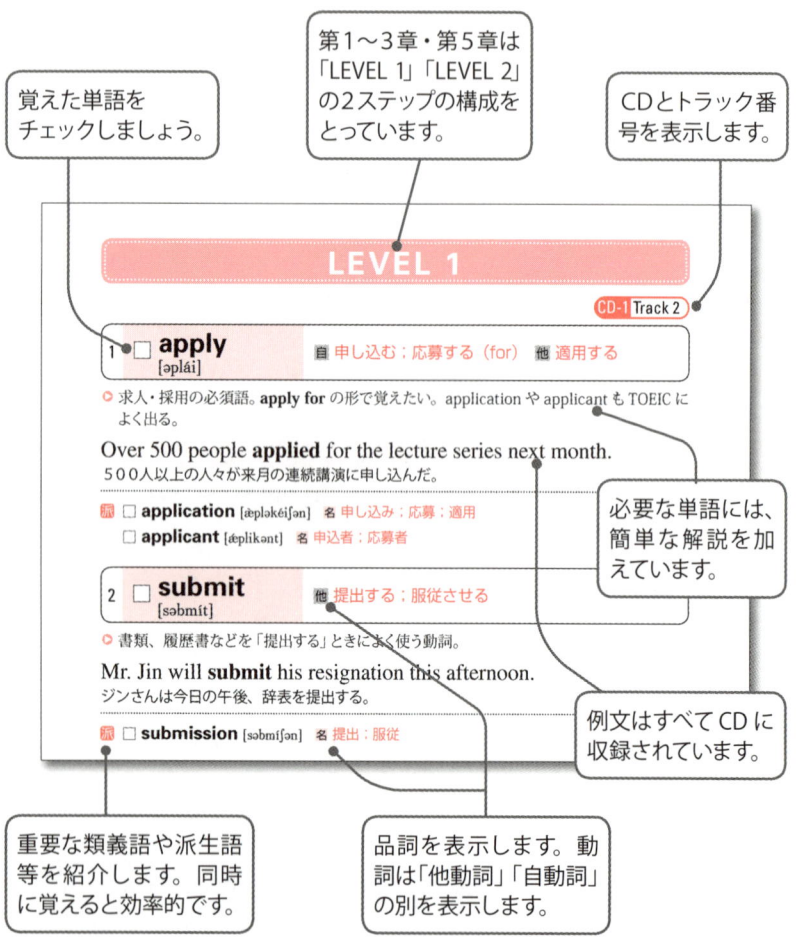

単語集のページ（第4章）

> 第4章は「ビジネス語」です。「採用」「人事」「会社・経営」「財務・会計」など20のテーマで構成されています。第4章にはパッセージ（長文）例文とセンテンス例文があります。

> パッセージ例文です。後続の見出し語がすべて、この例文に埋め込まれています。

❷ 人事　Human Resources

業績評価や給与、転勤、昇格など、人事についての基本語を紹介します。

Passage
CD-2 Track 3

The following is a notice from ①**human resources** to all ②**personnel**. We will be conducting ③**performance** ④**evaluations** in order to determine who to ⑤**lay off**. We will also consider some employees for ⑥**relocation**. Please note that this is in compliance with the ⑦**labor unions**. If an employee opts to ⑧**quit** or ⑨**resign**, we will offer ⑩**paid holidays** and add an ⑪**allowance** to his or her ⑫**paycheck** as ⑬**incentive**. Some staff members may be up for a ⑭**promotion** or a ⑮**raise**, depending on the results of the evaluation.

次に示すのは、人事部から全社員に向けた告知です。私たちは、一時解雇の対象を決定するために、業績の評価を実施しています。また、一部の社員については転勤を検討します。この件は労働組合の了解を得ているものであることをご了承ください。退社または退職を選択された社員に対しては、有給休暇を付加するとともに、報奨金として給与に手当を付加します。評価の結果に基づき、社員によっては昇格または昇給となります。

> まず覚えておきたい基本的なビジネス語を★印で示しています。

★ ① ☐ **human resources**　人材；人事（部）

Sentence 1
CD-2 Track 4

I'm looking for a ⑯**replacement** to ⑰**work overtime** into the late ⑱**shift** tonight.

今夜、遅番で残業する交代要員を探しています。

★ ⑯ ☐ **replacement** [ripléismənt]　名 後任（者）；交代要員

★ ⑰ ☐ **work overtime**　残業する
　　○ work on holidays（休日出勤する）

> センテンス例文です。後続の見出し語が、この例文に埋め込まれています。

●CDの使い方

- CDには例文がすべて収録されています。
  第4章はパッセージ例文、センテンス例文のどちらも収録されています。
  注：単語・意味はCDには入っていません。
- CDの音声は、アメリカ人とイギリス人が吹き込んでいます。
- 単語・表現は耳から学習すると、しっかりと覚えられます。
  また、例文そのものもTOEICの傾向に沿って作成されているので、繰り返し聞くことでリスニング力を強化できます。

●赤シートの使い方

- 赤シートを当てると、単語の意味が消えます。
- 意味を覚えたかどうか確認するのにご利用ください。

●記号・用語について

［品詞］
他 他動詞　　自 自動詞
名 名詞　　形 形容詞　　副 副詞
派 派生語　　類 類義語　　関 関連語　　反 反意語
Notes 例文中の難しい単語・表現の意味を示します。

［カッコの使い方］
[　] ＝ 直前の単語・語句と置き換え可能であることを示します。
(　) ＝ (　) の中が省略可能であることを示します。

［文法］
不可算名詞＝数えられない名詞。information、equipmentなど。
限定用法＝名詞を修飾する形容詞の用法。an old building
叙述用法＝文の補語になる形容詞の用法。The building is old.
名詞相当句＝名詞および名詞句や動名詞（句）など。
do ＝ 動詞の原形

第1章
基本動詞

CD-1 Track 2 〜 CD-1 Track 21

LEVEL 1 ……………… 16
LEVEL 2 ……………… 40

LEVEL 1

CD-1 Track 2

1 ☐ **apply** [əplái]　自 申し込む・応募する（for）　他 適用する

○ 求人・採用の必須語。**apply for** の形で覚えたい。application や applicant も TOEIC によく出る。

Over 500 people **applied** for the lecture series next month.
500人以上の人々が来月の連続講演に申し込んだ。

派 ☐ **application** [æpləkéiʃən]　名 申し込み；応募；適用
　 ☐ **applicant** [ǽplikənt]　名 申込者；応募者

2 ☐ **submit** [səbmít]　他 提出する；服従させる

○ 書類、履歴書などを「提出する」ときによく使う動詞。

Mr. Jin will **submit** his resignation this afternoon.
ジンさんは今日の午後、辞表を提出する。

派 ☐ **submission** [səbmíʃən]　名 提出；服従

3 ☐ **adopt** [ədápt]　他 採用する；選ぶ；養子にする

The HR department has **adopted** a new scheduling method for the employees.
人事部は社員の新しい時間管理法を採用した。

類 ☐ **choose** [tʃúːz]　他 選ぶ
　 ☐ **foster** [fɔ́ːstər]　他 （里子として）育てる；養育する

4 ☐ **accept** [æksépt]　他 受け入れる；受け取る

○ 「受け取る」の意味では **accept** a tie as a present（プレゼントのネクタイを受け取る）のように使う。

I **accept** your offer for the managerial position.
管理職への採用というそちらのオファーを受けます。

派 ☐ **acceptable** [ækséptəbl]　形 歓迎すべき；受け入れられる
類 ☐ **receive** [rɪsíːv]　他 受け取る

5 ☐ **expect** [ɪkspékt]　他 予期する；期待する

○ 仕事で「お待ちします」は I'll **expect** you at the entrance. のように expect をよく使う。

We are **expecting** over 1,000 attendees at the seminar.
そのセミナーには1千人以上の出席者を見込んでいます。

類 ☐ **anticipate** [æntísəpèɪt]　他 予想する；待ち望む
Notes **attendee**　名 出席者

6 ☐ **increase** [ɪnkríːs]　他 増加［増大］させる　自 増加［増大］する

○ 数量の増減を表現するため、increase や decrease をよく使う。increase の類語は go up、rise など。soar、surge は急激な増加を表す。decrease の類語は go down、drop、decline など。plunge、plummet は急激な減少を表す。

During today's talk, I will introduce ways to **increase** revenue.
今日の話の中で、私は収入を増やす方法を紹介します。

反 ☐ **decrease** [dɪkríːs]　他 減少させる　自 減少する

7 ☐ **reduce** [rɪdjúːs]　他 減らす；縮小する　自 減る；縮小する

The store decided to **reduce** the prices of all its goods to improve sales.
その店は、売り上げを伸ばすために、すべての商品の値段を下げることを決めた。

類 ☐ **lessen** [lésn]　他 少なくする　自 少なくなる
☐ **diminish** [dɪmínɪʃ]　他 減少させる　自 減少する

8 ☐ **prepare** [prɪpéər]　他 用意する；準備する；（計画などを）作り上げる　自 用意する (for)

Please **prepare** the documents and I will sign them.
書類を準備していただければ、サインします。

派 ☐ **preparation** [prèpəréɪʃən]　名 準備；心構え

9. handle [hǽndl]
他 処理する；担当する

Ms. Thurber will **handle** all bill payments from now on.
サーバーさんが今後、すべての請求書を処理します。

10. arrange [əréindʒ]
他 調整する；取り決める　自 用意する（for）

◯「計画やスケジュールを作成・調整する」という意味でビジネスでよく使う。

My secretary will **arrange** my trip itinerary.
私の秘書が私の旅行スケジュールを調整します。

CD-1 Track 3

11. run [rʌ́n]
他 経営する；運営する；（映画・劇などを）上映する

◯ ビジネスでは manage と同様の意味で使うことがある。

Lee is the person most qualified to **run** this department.
リーは、この部署を率いる最適任の人です。

12. invite [inváit]
他 招く；誘う

We would like to **invite** the entire staff to the banquet hall for an anniversary celebration.
創立記念日のお祝いには、スタッフの皆さん全員を宴会場に招待したいと思います。

派 □ **invitation** [ìnvətéiʃən] 名 招待（状）
Notes **banquet hall** 宴会場

13. join [dʒɔ́in]
他 一緒になる；参加する；結合する

◯ Please **join** us ～や Why don't you **join** us ～で、人を食事などに誘うときに使う。

Please **join** us for lunch if you are free.
時間があるなら、一緒にランチに行きませんか。

14. participate [pɑːrtísəpèit]
自 参加する（in）

◯ 自動詞であることに注意。**participate in**（～に参加する）の形で覚えておきたい。

How many staff members will **participate** in the company marathon this weekend?
今週末の社内マラソンには何人のスタッフが参加するのだろうか。

派 □ **participant** [pɑːrtísəpənt]　名 参加者；仲間
類 □ **take part in**　〜に参加する

15 □ **appreciate** [əpríːʃièit]
他 感謝する；評価する　自 価値が上がる

○「価値が上がる」という意味では、The Euro is **appreciating** against the Japanese yen.（ユーロは円に対して値上がりしている）のように使う。

We **appreciate** your continued patronage and hope to see you again soon.
お客様の変わらぬご愛顧に感謝するとともに、またのご利用を願っております。

Notes **patronage**　名 愛顧；ひいき

16 □ **admire** [ædmáiər]
他 賞賛する；感嘆する

I **admire** the way John negotiates with customers.
私はジョンが顧客と交渉するやり方をすばらしいと思う。

類 □ **esteem** [istíːm]　他 賞賛する；感嘆する

17 □ **book** [búk]
他 予約する；記録する

○ ビジネスでは、reserve と同意の「予約する」の意味でよく使う。overbooked は「予約を取りすぎている」の意。

I'd like to **book** a junior suite for four nights, please.
ジュニアスイートを4泊予約したいのですが。

類 □ **reserve** [rizə́ːrv]　他 予約する；残しておく

18. **approve** [əprúːv]
自 賛成する・是認する（of）

○ 前置詞は of を使う。**approve of** の形で覚えておきたい。

Some people do not **approve** of the CEO's unconventional way of doing business.
ＣＥＯの型破りな仕事のやり方には賛同しない人もいる。

- 派 **approval** [əprúːvəl] 名 賛成；承認
- 類 **consent** [kənsént] 自 同意する（to）
- **endorse** [indɔ́ːrs] 他 承認する
- 反 **disapprove** [dìsəprúːv] 自 賛成しない（of）

19. **deny** [dinái]
他 否定する；打ち消す

We can't **deny** that the competitor's sales exceed our own.
私たちは、競合会社の売り上げが当社を上回ることを否定できない。

- 派 **denial** [dináiəl] 名 否定；拒否

20. **provide** [prəváid]
他 供給する；提供する　自 規定する（for）

○ **provide** A **with** B / **provide** B **for** A（B を A に提供する）

You must **provide** an e-mail address and password to download our files.
当社のファイルをダウンロードするためには、メールアドレスとパスワードを入力していただかなければなりません。

- 派 **provision** [prəvíʒən] 名 供給；貯蔵品；（法律などの）規定

21. **consider** [kənsídər]
他 検討する；～とみなす　自 考慮する

We'd like you to **consider** our proposal to buy out your firm.
御社を買収するという我々の提案をご検討いただけませんか。

- 派 **consideration** [kənsìdəréiʃən] 名 考慮；配慮
- **considerable** [kənsídərəbl] 形 （数量・程度が）かなりの；相当な
- **considerate** [kənsídərət] 形 思いやりのある；思慮深い

22 ☐ suppose
[səpóuz]

他 思う；考える；仮定する；
〜することになっている（be supposed to *do*）

○ < **be supposed to** *do* >（do することになっている）は必須表現。I'm supposed to meet the client at three.（3時にクライアントに会うことになっている）

I **suppose** that our sales will pick up significantly by the end of the year.
当社の売り上げは年末までに大きく伸びると、私は考えています。

Notes **pick up** 上向く；好転する

23 ☐ intend
[inténd]

他 〜するつもりである；〜を意図［意味］する

○ **intend to** *do*（do するつもりである）

We didn't **intend** to hold our outdoor sales campaign on such a rainy day.
そんな雨の日に、我々は屋外での販売キャンペーンを行うつもりはなかった。

派 ☐ **intention** [inténʃən]　名 意図；(通例、複数) 心構え

24 ☐ realize
[ríəlàiz]

他 理解する；実現する

○「実現する」という意味では、**realize** one's dream（夢を実現する）のように使う。

We didn't **realize** how quickly the item would sell.
私たちはその商品がどれほど早く売れるかを理解していなかった。

派 ☐ **realization** [rìəlizéiʃən]　名 理解；実現

25 ☐ recognize
[rékəgnàiz]

他 分かる；見分ける；認める

It's important that we **recognize** good craftmanship when it comes to choosing a manufacturer.
製造業者を選ぶときには、高度な職人技術を評価することが大切である。

派 ☐ **recognition** [rèkəgníʃən]　名 見覚え；認定；評価

26 worry [wə́:ri]
自 心配する・悩む（about, over）
他 悩ませる　名 心配；不安

We are trying not to **worry** about our third quarter earnings just yet.
私たちは、第3四半期の収益については、まだ心配しないようにしている。

派 □ **worrisome** [wə́:risəm]　形 めんどうな；困った

27 explain [ikspléin]
他 説明する

An aid worker was called in to **explain** the emergency protocol to the staff.
スタッフに非常時の手続きを説明するために、救援隊員が呼ばれた。

類 □ **account for**　～を説明する
Notes **protocol**　名 手続き；しきたり

28 describe [diskráib]
他 （言葉で）説明する；表現する

▶ ビジネスでは、製品の特徴や提案の内容などを「詳しく述べる」という文脈でよく使う。

Can you **describe** the functions on this prototype, Mr. Toredo?
トレドさん、この試作品の機能を説明してもらえませんか。

派 □ **description** [diskrípʃən]　名 記述；描写；（商品の）説明書

29 express [iksprés]
他 表現する；（感情などを）示す

I would like to **express** my sincere thanks to all of you for attending this ceremony.
このセレモニーにご出席いただきました皆様に、心からの謝意を表明いたします。

派 □ **expression** [ikspréʃən]　名 表現；表情

30 display [displéi]
他 展示する；陳列する；（感情などを）あらわにする
名 展示；露呈

Please prominently **display** the new clothing items in the cases in the front of the store.
店の前のショーケースに、新しい衣料品を目立つように展示してください。

類 □ **exhibit** [igzíbit]　他 展示する；あらわにする

CD-1 Track 5

31 □ **determine** [ditə́ːrmin]　他 決定する；決心する

○ 受け身の形容詞として、be **determined** to *do*（do することを決意している）の形もよく使う。

Our second quarter performance should **determine** our annual result.
我々の第2四半期の業績が通年の結果を決定するはずだ。

派 □ **determined** [ditə́ːrmind]　形 決然とした；決心している

32 □ **encourage** [inkə́ːridʒ]　他 勇気づける；促進する

○ **encourage** ～ to *do*（～を促して do させる）の形をよく使う。例文はこれが受け身になっている。

Every employee is **encouraged** to give management his or her input on new project proposals.
社員は全員、新規プロジェクトの企画案について、管理職に自分の意見を伝えるようにしてください。

派 □ **encouraging** [inkə́ːridʒiŋ]　形 勇気づける；激励の

33 □ **promote** [prəmóut]　他 促進する；奨励する；昇格させる

○「昇格させる」の意味では、He was **promoted** to general manager.（彼は本部長に昇格となった）のように使う。

We will start to **promote** our product line on the net from tomorrow.
私たちは明日から、ネット上で当社の製品ラインの販売促進を始めます。

派 □ **promotion** [prəmóuʃən]　名（販売）促進；奨励；昇格
類 □ **advertise** [ǽdvərtàiz]　他 宣伝する
反 □ **demote** [dimóut]　他 降格させる

23

| 34 | ☐ **achieve** [ətʃíːv] | 他 達成する；成し遂げる；勝ち取る |

○ 仕事の目標などを「達成する」という意味でよく使う。

We only have a few more days to **achieve** our sales quota.
売り上げノルマを達成するのに、我々はあと数日しかない。

派 ☐ **achievement** [ətʃíːvmənt] 名 達成
類 ☐ **accomplish** [əkámpliʃ] 他 やり遂げる；遂行する
　 ☐ **attain** [ətéin] 他 達成する；得る

| 35 | ☐ **impress** [imprés] | 他 印象づける；感銘を与える |

Ms. Taylor never fails to **impress** us with her vast knowledge of global current affairs.
テイラーさんは世界の時事問題についての幅広い知識でいつも我々を感心させる。

派 ☐ **impressive** [imprésiv] 形 印象的な；感銘を与える
　 Notes **current affairs** 時事問題

| 36 | ☐ **attract** [ətrǽkt] | 他 引きつける；魅了する |

○ ビジネスでは、「魅力的な商品やサービスで顧客を引きつける」という文脈でよく使う。

We are making some changes in-house in order to **attract** potential buyers.
見込み客を引きつけるため、我々は社内でいくつか改善を行っている。

派 ☐ **attraction** [ətrǽkʃən] 名 魅力；呼び物；アトラクション
類 ☐ **entice** [intáis] 他 誘惑する；誘い出す
　 ☐ **allure** [əlúər] 他 魅惑する
　 ☐ **captivate** [kǽptəvèit] 他 魅惑する；夢中にする

| 37 | ☐ **fascinate** [fǽsənèit] | 他 魅惑する；引きつける |

Mr. Hessel was **fascinated** by the speed in which the tech department got the network running again.
ヘッセルさんは、技術部がネットワークを修復したスピードに感心した。

38 ☐ **hesitate** [hézətèit]   他 ためらう；ちゅうちょする

○ Please don't **hesitate** to *do*.（遠慮なく do してください）はビジネスの決まり文句。Please feel free to *do*. と同様の意味。

If you have any questions regarding our service, please don't **hesitate** to ask.
当社のサービスにご質問がありましたら、ご遠慮なくおたずねください。

派 ☐ **hesitant** [hézətənt]   形 ためらって；優柔不断な

39 ☐ **apologize** [əpálədʒàiz]   自 詫びる（to 人, for 理由）

○ 自動詞で、詫びる相手は to で、詫びる理由は for で導く。

We **apologize** for the flight delay and will be taking off shortly.
フライトの遅れをお詫びいたします。私たちはまもなく離陸いたします。

派 ☐ **apology** [əpálədʒi]   名 お詫び；弁明

40 ☐ **forgive** [fərɡív]   他 許す；免除する

I was stuck in traffic so please **forgive** me for arriving late.
道が混んでいたので、申し訳ありませんが遅れました。

派 ☐ **forgiveness** [fərɡívnis]   名 容赦；寛大さ

Notes **be stuck in traffic** 交通渋滞につかまって

CD-1 Track 6

41 ☐ **improve** [imprúːv]   他 改善する；上達させる 自 改善する；上達する

We are always looking for ways to **improve** the efficiency of our workforce.
我々は社員の業務効率性を高める方策をいつも探している。

派 ☐ **improvement** [imprúːvmənt]   名 改善；上達

42 create [kriéit]
他 創造する；創作する

The company tries its best to **create** a pleasant working environment for its employees.
会社は社員の快適な職場環境をつくるために最善を尽くします。

- 派 **creative** [kriéitiv] 形 創造的な
- **creature** [kríːtʃər] 名 (神の) 被造物；命あるもの
- 類 **generate** [dʒénərèit] 他 生み出す；もたらす
- **originate** [ərídʒənèit] 他 発明する；考案する

43 include [inklúːd]
他 含む

The total does not **include** sales tax.
総額には売上税は含まれません。

- 類 **comprise** [kəmpráiz] 他 含む；〜より構成される
- 反 **exclude** [iksklúːd] 他 排除する

44 contain [kəntéin]
他 含む；封じ込める

○ **contain** the conflict in the region（その地域の紛争を封じ込める）

This food product may **contain** allergenic substances.
この食品はアレルギー物質を含んでいる可能性があります。

- 類 **involve** [inválv] 他 〜を必然的に含む；巻き込む
- **consist of** 〜から成る
- Notes **substance** 名 物質；内容

45 prefer [prifə́ːr]
他 〜をより好む；〜するのを好む（to do）

○ < **prefer** A to B >で「BよりAを好む」。I **prefer** Vienna to Paris.（パリよりウィーンが好きだ）

The general manager **prefers** to make deals immediately and doesn't like to wait for an answer.
ゼネラルマネジャーはすぐに取引をまとめるのが好きで、回答を待つのを好まない。

- 派 **preference** [préfərəns] 名 好み；優位

| 46 | ☐ **lack** [lǽk] | 他 欠く　自 欠けている（in） |

The client is **lacking** interest in our latest endeavor.
クライアントは我々の最近の事業に関心をなくしている。

| 47 | ☐ **allow** [əláu] | 他 許す；認める；可能にする |

We will **allow** employees to take leave when a family member is ill.
当社は、家族が病気のときには社員に休暇を取ることを認めることにします。

派 ☐ **allowance** [əláuəns]　名 手当；割当量

| 48 | ☐ **persuade** [pərswéid] | 他 説得する；促してさせる（to *do*） |

◎ ＜ persuade ～ to *do* ＞なら「～を促して do させる」の意味。

James tried hard to **persuade** the client that the plan was in his best interest.
ジェームズはその計画がいちばん得だと顧客を懸命に説得しようとした。

派 ☐ **persuasion** [pərswéiʒən]　名 説得；納得

| 49 | ☐ **concentrate** [kánsəntrèit] | 自 集中する（on）　他 集中させる；集める |

It's hard to **concentrate** on my work while the noisy road construction is being done outside.
騒々しい道路の建設工事が外で行われている間は、仕事に集中するのは難しい。

派 ☐ **concentration** [kànsəntréiʃən]　名 集中
類 ☐ **focus** [fóukəs]　自 集中する（on）
　　☐ **pay attention to**　～に注意を払う
　　☐ **devote oneself to**　～に専心する

| 50 | **predict** [pridíkt] | 他 予報する；予言する |

This quarter it's almost impossible to **predict** the economic environment in the next three months.
今四半期に、次の3カ月の経済環境を予測するのはほとんど不可能だ。

- 類 □ **forecast** [fɔ́:rkæst]　他 予報する；予想する
- □ **envision** [invíʒən]　他 （将来のことを）想像する

CD-1 Track 7

| 51 | **contact** [kɑ́ntækt] | 他 （人に）連絡する　名 連絡（先）；知りあい；縁故 |

○ 他動詞で直接、目的語を導ける。名詞の「知りあい；コネ」の意味も知っておきたい。

It's important to keep **contacting** potential clients.
見込み客とは連絡を取り続けることが重要だ。

| 52 | **reach** [ríːtʃ] | 他 （電話などで）連絡する；（目的地などに）到着する；差し出す；差し伸べる |

I tried to get in touch with Ms. Williamson but couldn't **reach** her.
私はウィリアムソンさんに連絡をとろうとしたが、彼女はつかまらなかった。

- 類 □ **get in touch with**　～と連絡を取る
- □ **arrive at**　～に到着する
- □ **get to**　～に着く

| 53 | **connect** [kənékt] | 自 連絡する；接続する　他 結ぶ；連結する |

The network is down and we cannot **connect** to the Internet right now.
ネットワークが故障して、私たちはすぐにはインターネットに接続できない。

| 54 | **recommend** [rèkəménd] | 他 勧める；推奨する |

Our lawyers **recommended** holding off on the merger agreement for now.
我々の弁護士は、今の段階ではその合併契約を見合わせるべきだと助言した。

派 □ **recommendation** [rèkəmendéiʃən]　名 推薦（状）；推奨；忠告
Notes **hold off**　遅らせる；延期する

---

55 □ **suggest**
[sədʒést]　他 提案する；推薦する；ほのめかす

○ suggest、propose、recommend など「提案・忠告」を表す動詞が導く that 節は仮定法現在となり、動詞は原形を使う。

The HR manager is **suggesting** that we use a new system for scheduling the employees work hours.
人事部長は、我々が社員の労働時間を管理する新しいシステムを使うことを勧めている。

派 □ **suggestion** [sədʒéstʃən]　名 提案；忠告；示唆

---

56 □ **indicate**
[índikèit]　他 示す；指摘する

The positive results of the survey **indicate** that the product is well-received.
調査の良好な結果は、その製品が人気があることを示している。

---

57 □ **cost**
[kɔ́ːst]　他 （費用として）かかる；犠牲にさせる
名 経費・コスト；犠牲

It **costs** too much to invest in that venture business.
そのベンチャー企業に投資するのは高くつきすぎる。

---

58 □ **require**
[rikwáiər]　他 必要とする；要求する

The document **requires** your initials and signature.
この書類には、あなたのイニシャルとサインが必要です。

派 □ **requirement** [rikwáiərmənt]　名 要件；資格
類 □ **demand** [dimǽnd]　他 要求する
　□ **call for**　〜を要求する；〜を訴える

---

59 □ **confirm**
[kənfə́ːrm]　他 確認する；立証する；承認する

We would like to **confirm** your flight reservations for September 24.
9月24日のお客様のフライトの予約を確認させていただきたいと思います。

基本動詞 LEVEL 1

60 remind [rimáind]
他 思い出させる；気づかせる

○ ＜remind 人 of / that ～＞の形を覚えておきたい。

Ms. Shales, please **remind** me that I have an appointment at 10:00 sharp tomorrow.
シェイルズさん、明日の 10 時きっかりに約束があることを私に思い出させてください。

派 **reminder** [rimáindər] 名 思い出させるもの；催促（状）

CD-1 Track 8

61 last [lǽst]
自 続く；継続する

The effects of this economic downturn won't **last** forever.
この景気後退の影響は永遠に続くわけではない。

類 **continue** [kəntínju:] 自 続く 他 続ける
carry on 続行する
Notes **economic downturn** 景気後退

62 remain [riméin]
自 変わらず～である；存続する
名 （通例、複数）残存物；遺跡

○ 「変わらず～である」（第 2 文型）では、The boss **remains** upset.（上司はまだ怒っている）のように使える。

Few of the great historical monuments **remain** today.
偉大な歴史的記念碑で今日残っているものはほとんどない。

63 renew [rinjú:]
他 更新する；一新する

You can **renew** the contract every two years.
2 年ごとに契約を更新することができます。

派 **renewal** [rinjú:əl] 名 更新；一新

64 cancel [kǽnsəl]
他 取り消す；撤回する

The airline **cancelled** all flights due to the strike.
ストライキのため、航空会社はすべての便を欠航にした。

派 □ **cancellation** [kæns(ə)léiʃən] 名 取り消し
類 □ **abandon** [əbǽndən] 他 捨てる；断念する
　□ **revoke** [rivóuk] 他 取り消す；無効にする

---

65 □ **postpone** [poustpóun] 他 延期する

Karen will **postpone** her business trip to the east coast until the bad weather improves.
カレンは、悪天候が回復するまで東海岸への出張を延期するつもりだ。

類 □ **put off**　〜を延期する
　□ **defer** [difə́ːr] 他 延期する
　□ **reschedule** [rìːskédʒuːl] 他 (日程を)変更する
　□ **shelve** [ʃélv] 他 後回しにする；棚上げにする

---

66 □ **suspend** [səspénd] 他 一時停止する；延期する；つるす

◯「つるす」の意味では、The lights are **suspended** from the ceiling.（照明は天井からつるされている）のように使う。

The broadcaster has **suspended** all broadcasts during the takeover negotiations.
その放送局は、買収交渉の間、すべての放送を中断した。

派 □ **suspension** [səspénʃən] 名 差し止め；延期；宙ぶらりん
　□ **suspense** [səspéns] 名 気がかり；不安；未定状態
　[Notes] **takeover** 買収；経営権取得

---

67 □ **replace** [ripléis] 他 交換する；〜に取って代わる；〜の代理を務める

◯ ビジネスでは商品の交換とともに、人の交代の文脈でもよく使う。

We will **replace** any defective item if under warranty.
弊社は、保証期間内であれば、すべての欠陥製品を交換いたします。

派 □ **replacement** [ripléismənt] 名 取り替え；交代；後任者
類 □ **substitute for**　〜の代わりをする
　□ **succeed to**　〜を継承する
　□ **take over**　〜を引き継ぐ

| 68 | **conclude** [kənklúːd] | 他 結びとして言う；〜と結論する；決定する
自 終わる |

Mr. Lew **concluded** the meeting with a short speech.
リューさんは、短いスピーチで会議を締めくくった。

派 **conclusion** [kənklúːʒən]　名 結論；終結

| 69 | **suffer** [sʌ́fər] | 他 （苦難などを）経験する；被る
自 （病気を）患う・苦しむ（from） |

If you don't get the job done correctly, we will **suffer** the consequences.
あなたがこの仕事を正確な形で完了しなければ、我々はその結果に苦しむことになるだろう。

類 **undergo** [ʌ̀ndərɡóu]　他 経験する
　　hurt [hə́ːrt]　自 苦痛を感じる

| 70 | **manage** [mǽnidʒ] | 他 なんとか成し遂げる（to *do*）；
経営する；管理する；操る |

○ manage to *do* で「なんとか do する」の意。

I don't know how Ms. Gibril **manages** to get so much done with her busy schedule.
ギブリルさんが忙しいスケジュールの中でそんなに多くの仕事をどうやって片付けるのか私は分からない。

CD-1 Track 9

| 71 | **tend** [ténd] | 自 〜しがちである（to *do*） |

○ be inclined to、be apt to、be liable to が同様の意味の表現。

Our target market **tends** to be a bit more upscale and spends more money.
我々が目標とする市場は、もう少し所得が上で、支出が多い傾向にある。

派 **tendency** [téndənsi]　名 傾向；性向
Notes **upscale**　形 高所得層向けの；高級品市場の

| 72 | **appear** [əpíər] | 自 〜のようだ（to *do*）；現れる；世に出る |

Our product **appears** to be most popular with young consumers.
当社の製品は若い消費者に最も人気があるようだ。

派 □ **appearance** [əpíərəns]　名 外見；出現
類 □ **emerge** [imə́ːrdʒ]　自 現れる；明らかになる

73 □ **afford** [əfɔ́ːrd]
他 （〜する）余裕がある

○ 「〜する余裕がない」という否定文でよく使う。例文は **afford to** *do* の形だが、afford に直接、名詞を続けることもできる。

The company can't **afford** to keep its entire staff.
会社はスタッフ全員を雇っておけない。

派 □ **affordable** [əfɔ́ːrdəbl]　形 （価格などが）手頃な；入手可能な

74 □ **inquire** [inkwáiər]
自 尋ねる（about）；調べる（into）

○ 通例、自動詞として使い、目的語を続けるには about などを介する。

Please **inquire** at the desk about our job openings.
当社の求人については窓口でお問い合わせください。

派 □ **inquiry** [inkwáiəri]　名 問い合わせ；調査

75 □ **charge** [tʃɑ́ːrdʒ]
他 請求する；負わせる；告発する；満たす；充電する

○ 多義語なので、文脈から意味を見分ける必要がある。

Who should we **charge** for the damage?
この損害をだれに請求するべきだろうか。

76 □ **accuse** [əkjúːz]
他 告発［告訴］する；責める

○ **accuse** A **of** B（B という理由で A を告発する［責める］）。例文はこれが受け身になっている。

The newspaper reporter was **accused** of slander and was fired.
その新聞記者は名誉毀損で告発され、解雇された。

Notes　**slander**　名 名誉毀損

| 77 | ☐ **miss** [mís] | 他 逃す；外す；〜がいなくて寂しい |

○ 「〜がいなくて寂しい」の意味では、I'll **miss** you.（あなたがいなくて寂しくなるでしょう）のように、別れる・別れている人に対してよく使う。

We **missed** the deadline by a week and two days.
私たちは1週間と2日、締め切りに遅れた。

| 78 | ☐ **quit** [kwít] | 他 （仕事などを）辞める；（習慣などを）やめる |

○ **quit** smoking（たばこをやめる）。

Mr. Peterson is expected to **quit** his position as general manager next month.
ピーターソンさんは来月、ゼネラルマネジャーの職を辞する予定だ。

類 ☐ **resign from** 〜から辞任する
　　☐ **give up** 〜をやめる；〜を断念する

| 79 | ☐ **earn** [ə́ːrn] | 他 稼ぐ；得る；獲得する |

For every click on the Internet ad, our company **earns** 25 cents.
インターネット広告のワンクリックごとに、当社は25セントの収入を得る。

派 ☐ **earning** [ə́ːrniŋ] 名（通例、複数）収入；収益

| 80 | ☐ **acquire** [əkwáiər] | 他 獲得する；（技能などを）習得する |

The company wants to **acquire** its rival for a fair price.
その会社は、競合会社を適正な価格で買収したいと考えている。

類 ☐ **obtain** [əbtéin] 他 獲得する；手に入れる
　　☐ **gain** [géin] 他 手に入れる；もうける

CD-1 Track 10

| 81 | ☐ **own** [óun] | 他 所有する　形 自分自身の |

After we pay off the mortgage we will **own** the property outright.
住宅ローンを完済した後で、私たちはその不動産の完全な所有権を得る。

派 ☐ **owner** [óunər]　名 所有者
類 ☐ **possess** [pəzés]　他 持つ；所有する
　Notes　mortgage　住宅ローン；不動産ローン　　**outright**　副 完全に；すっかり

82 ☐ **calculate** [kǽlkjulèit]　他 自 計算する

When we **calculated** the costs, we decided that the project was not within our budget.
経費を計算したとき、私たちはプロジェクトが予算内に収まらないと確信した。

類 ☐ **compute** [kəmpjúːt]　他 計算する
関 ☐ **add** [ǽd]　他 足す
　　☐ **subtract** [səbtrǽkt]　他 引く
　　☐ **multiply** [mʌ́ltəplài]　他 掛ける
　　☐ **divide** [diváid]　他 割る

83 ☐ **estimate** [éstəmèit]　他 見積もる；評価する　名 見積もり；評価

○「おおよその数字などを見積もる・評価する」という意味で使う。将来のことに対して使うことが多い。

Let's **estimate** the costs of the venture before we sign a contract.
契約書にサインする前に、その事業のコストを試算してみましょう。

84 ☐ **compare** [kəmpéər]　他 比較する；なぞらえる

We will **compare** the costs of the equipment before we make a purchase.
購入する前に、その機器の価格を比較しましょう。

派 ☐ **comparison** [kəmpǽrisn]　名 比較；たとえ
類 ☐ **contrast** [kɑ́ntræst]　他 対照する；対比させる

85 divide [diváid]
他 分割する；分配する；分裂させる；（計算で）割る

I usually **divide** my time between meeting clients and doing paperwork.
私はふつう、自分の時間を顧客と会うことと書類仕事に分けています。

派 □ **division** [divíʒən]　名 分割；（会社などの）部・課
類 □ **split** [splít]　他 分割する；分配する
　　□ **separate** [sépərèit]　他 分ける；引き離す

86 prevent [privént]
他 妨げる；予防する

○ < **prevent** ～ **from** *do*ing > （～が do するのを妨げる）

The system engineers are doing everything they can to **prevent** another network crash.
ネットワークがまた故障するのを防止するために、システムエンジニアたちはできることをすべてしている。

類 □ **hinder** [híndər]　他 妨げる；邪魔をする
　　□ **impede** [impí:d]　他 妨げる；邪魔をする

87 regret [rigrét]
他 後悔する；残念ながら～する（to *do*, that）
名 後悔；残念

We **regret** to inform you that another candidate was chosen to fill the position.
残念ながら、そのポストには他の候補者が選ばれたことをお知らせします。

派 □ **regrettable** [rigrétəbl]　形 残念な；悲しむべき

88 involve [inválv]
他 含む；巻き込む

It's too early to **involve** the sales team in the discussions.
販売チームを話し合いに加えるのはまだ早すぎる。

89 maintain [meintéin]
他 保持する；～を主張する；養う

We've all been working overtime so it's difficult to **maintain**

momentum in the project.
私たちは全員残業をしてきたので、プロジェクトの勢いを維持し続けるのが難しい。

派 ☐ **maintenance** [méintənəns]　名 保守管理

Notes **momentum**　名 勢い；推進力

90 ☐ **enable**
[inéibl]　他 ～できるようにする

○ < **enable** ～ **to** *do* >（～が do できるようにする）の形で頻出。

These new smartphones **enable** users to free themselves from the burden of owning too many gadgets.
これら新しいスマートフォンは、たくさんの機器を持つという煩わしさからユーザーを解放してくれる。

CD-1 Track 11

91 ☐ **ensure**
[inʃúər]　他 確実にする；保証する

○ < **ensure that** ～ >の形のほか、直接、名詞を目的語に導ける。**ensure** equal opportunities（均等の機会を保証する）

We take extra steps to **ensure** that our customers receive the highest quality care.
お客様が最高品質のサービスを受けられるのを確実にするために、当社は踏み込んだ対策をとっています。

類 ☐ **make sure**　～を確かめる；～を確実にする

☐ **secure** [sikjúər]　他 安全にする；保証する

92 ☐ **guarantee**
[gæərəntíː]　他 保証する　名 保証

We **guarantee** your satisfaction with this project or your money back.
この仕事に満足されることをお約束し、満足いただけない場合は返金いたします。

93 revise [riváiz]
他 改訂する；修正する

Please **revise** the report and have it on my desk by 3:00 p.m.
報告書を訂正して、午後3時までに私の机に置いておいてください。

派 □ **revision** [rivíʒən]　名 改訂；訂正
類 □ **amend** [əménd]　他 修正する；訂正する
　 □ **correct** [kərékt]　他 訂正する；(原稿を) 校正する

94 seek [síːk]
他 探し求める

We are **seeking** two capable engineers to oversee our next project.
我々は次のプロジェクトを統括する能力の高いエンジニアを2人募集している。

類 □ **search for**　～を探し求める

95 update [ʌ̀pdéit]
他 最新の情報を提供する；(システムなどを) 最新のものにする　名 最新情報；最新版

「最新の情報を～に教える [報告する]」という意味でよく使う。

Please **update** our team regarding the results of the latest survey.
最新の調査の結果について、我々のチームに新しい情報を教えてください。

96 upgrade [ʌ̀pgréid]
他 (価値・性能などを) 高める；グレードアップする　名 進歩；向上

We plan to **upgrade** all the compuer systems this Friday.
今週の金曜日に、私たちはコンピュータ・システム全部を更新する予定です。

97 entertain [èntərtéin]
他 もてなす；楽しませる

Mr. Kimura will be **entertaining** our clients from out of town tonight.
木村さんは今夜、遠方から来た顧客を接待する予定だ。

派 □ **entertainment** [èntərtéinmənt]　名 娯楽；もてなし
類 □ **amuse** [əmjúːz]　他 楽しませる；おもしろがらせる
　 □ **host** [hóust]　他 接待する；主催する

98 envy [énvi]
他 うらやむ；ねたむ　名 羨望；ねたみ

Jack **envies** me because I got a promotion and a raise.
私が昇格して給与が増えたので、ジャックは羨ましがっている。

派 □ **envious** [énviəs]　形 うらやましそうな；ねたましげな
類 □ **be jealous of**　〜をねたむ

99 fit [fít]
他 適合する；
（服などの大きさ・形が）ぴったり合う

衣服に使う場合には、「大きさ・丈などが合う」という意味。「似合う」には suit や look nice on などを使う。

Please select team members that **fit** your requirements and goals.
あなたの必要性と目標に合うチームのメンバーを選んでください。

類 □ **match** [mǽtʃ]　他 〜と調和する；〜に匹敵する
　 □ **suit** [súːt]　他 （服などが）似合う；適している

100 stand [stǽnd]
他 耐える；立ち向かう；立つ

At this company, we must be able to **stand** working long hours.
この会社では、私たちは長時間労働に耐えられなければならない。

LEVEL 2

CD-1 Track 12

1 accommodate [əkάmədèit] 他 (人などを) 収容する；調整する

The hotel can **accommodate** all the attendees to the seminar.
そのホテルはセミナーの出席者全員を収容することができる。

派 □ **accommodation** [əkàmədéiʃən] 名 (通例、複数) 宿泊施設；便宜

2 implement [ímpləmənt] 他 実行する；履行する

○「実行する」という意味のオフィシャルな表現で、ビジネスでは非常によく使う。

We will **implement** a new marketing strategy in order to surpass the competition in sales.
我々は販売競争に打ち勝つため、新しい販売促進戦略を実行する。

派 □ **implementation** [ìmpləməntéiʃən] 名 実行；履行
類 □ **execute** [éksikjùːt] 他 遂行する；実行する；処刑する
　　□ **carry out** ～を実行する
　Notes **surpass** 他 ～を越える；～にまさる

3 collaborate [kəlǽbərèit] 自 協力して行う (with)

○ collaborate、cooperate は自動詞で使い、協力する相手は with で導く。

The two firms agreed to **collaborate** on the planning of the event.
両社はそのイベントの計画で協力することに合意した。

派 □ **collaboration** [kəlæbəréiʃən] 名 協業；コラボレーション
類 □ **cooperate** [kouápərèit] 自 協力する

4 celebrate [séləbrèit] 他 祝う；(祝典などを) 挙行する

How will you **celebrate** your early retirement?
あなたは早期退職をどんなふうに祝うつもりですか。

派 □ **celebration** [sèləbréiʃən] 名 祝賀；祝典；式典

- ☐ **celebrated** [séləbrèitid] 形 有名な；名高い
- ☐ **celebrity** [səlébrəti] 名 有名人；セレブ

5 ☐ **launch** [lɔ́:ntʃ]　他 始める；売り出す；出版する；（ロケットなどを）発射する；（船などを）進水させる

○ 名詞としても「開始」「発売」の意味でよく使う。

The date to **launch** the new product has been postponed to next month while we work out some bugs.
私たちがバグの処置をしているうちに、新製品の発売日は翌月に延期された。

6 ☐ **proceed** [prəsí:d]　自 続ける・続行する（with）

○ 自動詞なので、続ける対象を表現する場合は with を介する。

With your approval, we will **proceed** with the construction.
ご承認いただければ、我々は建設作業を進めます。

類 ☐ **go ahead with** 〜を進める；〜を続行する

7 ☐ **expand** [ikspǽnd]　他 拡大する；引き延ばす　自 拡大する；伸びる

○ ビジネスではよく、business、operations、market などを目的語にとる。自動詞としても使う。

The company hopes to **expand** its Asian market.
その会社はアジア市場を拡大することを望んでいる。

派 ☐ **expansion** [ikspǽnʃən] 名 拡大；拡張

8 ☐ **extend** [iksténd]　他 拡張する；（期間などを）延長する；示す；提供する　自 広がる；達する

○ **extend** the railroad（鉄道を延長する）、**extend** the deadline（締め切りを延ばす）

Please **extend** the invitation to the event to any interested parties.
そのイベントへの招待状は関係者全員に送ってください。

派 ☐ **extension** [iksténʃən] 名 拡張；延長；（電話の）内線

9 ☐ **dominate** [dámənèit]　他 支配する；〜より優位である

○「支配的な影響力を持つ」という意味で、ビジネスでは「市場を支配する」という文脈でよく使う。

That application software maker is **dominating** the market.
そのアプリケーションソフト・メーカーは市場を支配している。

- 派 ☐ **dominant** [dámənənt]　形 支配的な；優勢な
- 類 ☐ **control** [kəntróul]　他 支配する；抑制する
- ☐ **rule** [rú:l]　他 統治する；支配する

10 ☐ **establish** [istǽbliʃ]　他 設立する；確立する

Our CEO **established** this company 20 years ago and funded it himself.
我が社のCEOは20年前にこの会社を設立し、資金は自分で出した。

- 派 ☐ **establishment** [istǽbliʃmənt]　名 設立；確立；設立［確立］されたもの
- 類 ☐ **institute** [ínstətjù:t]　他 設ける；制定する

CD-1 Track 13

11 ☐ **inspect** [inspékt]　他 点検する；検査する；視察する

A health inspector will come by today at noon to **inspect** the facilities.
衛生審査官が今日の正午に来社し、施設を検査します。

- 派 ☐ **inspection** [inspékʃən]　名 検査；視察

12 ☐ **examine** [igzǽmin]　他 検査する；診察する

Please **examine** the documents carefully before signing.
署名をする前に、書類をきちんと調べてください。

- 派 ☐ **examination** [igzæmənéiʃən]　名 検査；試験
- ☐ **examinee** [igzæməní:]　名 検査を受ける人；受験者

13 evaluate [ivǽljuèit]
他 評価する

After the storm, officials were called in to **evaluate** the costs of the damage.
暴風雨の後、被害額を見積るため担当官が招集された。

派 □ **evaluation** [ivæljuéiʃən] 名 評価
類 □ **assess** [əsés] 他 評価する；査定する

14 observe [əbzə́ːrv]
他 （規則などを）遵守する；観察［観測］する
（式典などを）挙行する

「観察［観測］する」の意味では **observe** the stars（星を観測する）、「挙行する」の意味では **observe** the ten-year anniversary（創立10周年を祝う）のように使う。

It's important to **observe** the rules at all times.
常に規則を遵守することが大切です。

派 □ **observation** [àbzərvéiʃən] 名 観察；（通例、複数）観察による情報
□ **observatory** [əbzə́ːrvətɔ̀ːri] 名 観測所；天文台
□ **observance** [əbzə́ːrvəns] 名 遵守；式典

15 consult [kənsʌ́lt]
他 助言を求める；（辞書などを）調べる
自 相談する（with）

You should **consult** a lawyer on that difficult matter.
その難しい問題については弁護士に相談した方がいい。

類 □ **check with** 〜と相談する
□ **confer with** 〜と相談する

16 assign [əsáin]
他 割り当てる；任命する；
（日時・場所などを）決める

人に「仕事などを割り当てる」という意味でよく使う。「割り当てられた仕事」が assignment である。

We need to **assign** a chairperson for the meeting next Monday.
来週月曜の会議の司会者を任命する必要がある。

派 □ **assignment** [əsáinmənt] 名 仕事；任務；地位
類 □ **allocate** [ǽləkèit] 他 割り当てる；配置する
□ **appoint** [əpɔ́int] 他 任命する；指名する

17 ☐ **designate** [dézignèit]
他 指名する；指定する；指摘する

○「指定する」の意味でもよく使う。This temple is **designated** as national heritage site.（この寺は国の史跡に指定されている）

The boss asked me to **designate** a leader for our sales team.
上司は私に販売チームの責任者を指名するよう求めた。

類 ☐ **classify** [klǽsəfài] 分類［区分］する；格付けする

18 ☐ **nominate** [námənèit]
他 指名する；任命する

It's time to **nominate** the new chairperson of the board.
取締役会の新しい会長を指名する時期です。

派 ☐ **nominee** [nàməní:] 名 指名［任命］された人

19 ☐ **owe** [óu]
他（お金を）借りている；（義務などを）負っている

○ < owe A to B >< owe B A >（A［お金など］をB［人・会社］に借りている）の形でよく用いる。

How much do I **owe** you for your services?
御社のサービスはいくらでしょうか。

20 ☐ **cause** [kɔ́:z]
他 〜の原因となる 名 原因；理由；大義

The president's remarks **caused** a market sell-off.
大統領の発言でマーケットが売り一色になった。

類 ☐ **bring about** 〜を引き起こす

CD-1 Track 14

21 ☐ **prove** [prú:v]
他 立証する
自 〜となる；〜であると分かる（to *be*）

○ < **prove to** *be* >（〜であると分かる）は、This project **proved to** be a failure.（このプロジェクトは失敗であることが分かった）のように使う。

The sales success of our new line of products **proves** that our company is a major player.

我々の新製品ラインの販売が成功したことは、当社が主要なプレイヤーであることを示している。

- 派 ☐ **proof** [prúːf] 名 証拠；立証
- 類 ☐ **verify** [vérəfài] 他 証明する；実証する
- ☐ **validate** [vǽlədèit] 他 立証する
- ☐ **turn out to** *be* 〜となる；〜であると分かる

---

22 ☐ **occur** [əkə́ːr] 自 起こる；生じる；心に浮かぶ（to）

○「心に浮かぶ」という意味では、＜It occurs to 人 that 〜＞（〜が人の心に浮かぶ）のように仮主語の it を使う構文でよく使う。

We never know when an emergency will **occur** so it's always a good idea to be on our toes.
いつ非常事態が起こるかは分からないので、常に対応できるように備えておくことが重要だ。

Notes **on one's toes** 準備のできた

---

23 ☐ **consume** [kənsúːm] 他 消費する；使い切る

We're conducting a survey to see what our target market **consumes** on a daily basis.
我々は、目標としている市場が毎日何を消費しているか見極めるために調査を行っている。

- 派 ☐ **consumption** [kənsʌ́mpʃən] 名 消費
- ☐ **consumer** [kənsúːmər] 名 消費者
- 類 ☐ **expend** [ikspénd] 他 費やす；使い果たす
- ☐ **waste** [wéist] 他 浪費する

---

24 ☐ **conserve** [kənsə́ːrv] 他 保護する 自 節約する（on）

Please make sure to **conserve** energy and turn out the lights when you leave the office.
省エネに努め、会社を出るときには照明を消すようにしてください。

- 派 ☐ **conservation** [kànsərvéiʃən] 名 保護；保存
- ☐ **conservative** [kənsə́ːrvətiv] 形 保守的な；控えめな
- 類 ☐ **preserve** [prizə́ːrv] 他 保護する；保つ
- ☐ **sustain** [səstéin] 他 持続する；維持する

25. donate [dóuneit]
他 寄付する

The CEO **donates** a portion of the company's annual earnings to various charity organizations.
CEOは、会社の年間収益の一部をさまざまな慈善団体に寄付している。

派 □ **donation** [dounéiʃən] 名 寄付
類 □ **contribute** [kəntríbju:t] 自 他 貢献する；寄付する

26. refund [rifʌnd]
他 払い戻す；返済する 名 払い戻し

You can get a **refund** only if you have a receipt.
領収書をお持ちの場合のみ、返金を受けることができます。

類 □ **reimburse** [rì:imbə́:rs] 他 払い戻す；（前払いを）出金する

27. urge [ə́:rdʒ]
他 ～するよう促す；駆り立てる；急がせる

○ < urge ～ to *do* >（～に do するよう促す）

I would like to **urge** all citizens to get out there and vote today.
今日はすべての市民の皆さんが出かけて、投票してほしいと思います。

28. stimulate [stímjulèit]
他 刺激する；奨励する

The new laws were proposed to **stimulate** the economy.
その新法は経済を刺激することを目的に提案された。

派 □ **stimulus** [stímjuləs] 名 刺激（物）；励み

29. motivate [móutəvèit]
他 （～する）刺激［動機］を与える

We are going to hold a competition in order to **motivate** the sales staff to sell more.
販売員がさらに売り上げを伸ばすように、私たちは競争を行う予定です。

派 □ **motivated** [móutəvèitid] 形 やる気がある；積極姿勢の

30 inspire [inspáiər]
他 鼓舞する；奮い立たせる；活気を与える

○ inspire は motivate とともに社員を「やる気にさせる」という文脈で、ビジネスではよく使う。＜ **inspire** ～ **to** *do* ＞（～を鼓舞して do させる）の形も使える。

The famous author always **inspires** young, aspiring writers.
その有名な著者はいつも、若く、野心的な作家を刺激する。

派 □ **inspiration** [ìnspəréiʃən] 名 鼓舞；霊感

CD-1 Track 15

31 deserve [dizə́ːrv]
他 ～に値する；～を受けるに足る

Any employee who works through the weekend **deserves** a couple of days off.
週末ずっと働いた社員には2日間の休暇が与えられることになる。

類 □ **be worthy of** ～に値する

32 post [póust]
他 掲示する；公表する

○ 会社が業績を「公表する」ときにも使う。The company **posted** a profit of a million dollars.（会社は100万ドルの利益を計上した）

Let's **post** the job openings on the announcement board.
告知板に求人情報を掲示しましょう。

Notes **job openings** 求人情報

33 affect [əfékt]
他 影響を及ぼす

○ affection は「愛情」という意味。「影響」は effect である。

I hope our first quarter sales won't **affect** us negatively in the second quarter.
当社の第1四半期の売り上げが第2四半期に悪い影響を及ぼさないことを希望したい。

類 □ **influence** [ínfluəns] 他 影響を及ぼす

34. reflect [riflékt]
他 熟考する；反射する；（反映を）映す

Now is a good time to **reflect** about what went wrong with the marketing campaign.
今は販売促進キャンペーンのどこが悪かったのかを反省するいい時期だ。

派 □ **reflection** [riflékʃən] 名 熟考；反射；反映

35. adjust [ədʒʌ́st]
他 適合させる；調整する

I will **adjust** my schedule so that we can meet.
一緒に会えるように、私のスケジュールを調整します。

36. reschedule [rìːskédʒuːl]
他 予定を変更する

I'm sorry but I will have to **reschedule** our appointment tomorrow.
すみませんが、明日の約束を変更していただかざるをえないのです。

37. rotate [róuteit | –́–]
自 交代で勤務する；回転する

○ 天体に使えば、rotate は「自転する」、revolve は「公転する」。

Each staff member must **rotate** and work the night shift.
スタッフは全員が、交代勤務と夜勤をしなければならない。

類 □ **alternate** [ɔ́ːltərnèit] 自（仕事などを）交代でする（in）
　□ **take turns** 交代でする
　□ **revolve** [riválv] 自 回転する

38. ignore [ignɔ́ːr]
他 無視する

Be sure you do not **ignore** any customer complaints.
お客様のどんなクレームも無視しないようにしてください。

類 □ **disregard** [disrigáːrd] 他 無視する；軽視する
　□ **neglect** [niglékt] 他 無視する；放置する

| 39 | ☐ **omit** [oumít] | 他 省略する；削除する；〜を控える |

Please **omit** some of the wording in this contract.
この契約書の表現のいくつかを削除してください。

| 40 | ☐ **avoid** [əvɔ́id] | 他 避ける；取り消す |

Unfortunately, there is no way we can **avoid** laying off some workers.
残念なことだが、我々は社員の何人かを解雇するのを避けられない。

派 ☐ **avoidable** [əvɔ́idəbl] 形 避けられる
類 ☐ **evade** [ivéid] 他 避ける；逃れる

CD-1 Track 16

| 41 | ☐ **ban** [bǽn] | 他 禁止する　名 禁止 |

○ ban、prohibit、forbid ともに＜ **ban 〜 from** *do*ing ＞（〜が do するのを禁止する）の形がとれる。

The government **banned** the controversial product and it is no longer being sold.
政府は問題の製品の販売を禁止し、それはもう売られていない。

類 ☐ **forbid** [fərbíd] 他 禁止する
　Notes **controversial** 形 異論のある；問題の

| 42 | ☐ **prohibit** [prouhíbit] | 他 禁止する |

The museum's curators are **prohibiting** visitors to take photos of the exhibition.
その美術館の学芸員は訪問客が展示物の写真をとるのを禁止している。

43 refrain [rifréin]

自 差し控える・慎む（from）
名 （歌などの）反復句

○ 自動詞で、**refrain from do**ing（do することを差し控える）の形でよく使う。

Visitors are asked to **refrain** from using flash photography in our museum.
訪問客の皆さんは、博物館内ではフラッシュ撮影をお控えください。

類 □ **abstain** [æbstéin]　自 控える・節制する（from）

44 interrupt [ìntərʌ́pt]

他 妨げる；中断する

○ 急用などで、相手の仕事や会話を中断させるときに使う。

I'm sorry to **interrupt** you, Ms. Daly, but there's a call for you on line one.
デイリーさん、お邪魔をして申し訳ありませんが、1番にお電話です。

類 □ **cut in**　（話などを）遮る；割り込む
　　□ **suspend** [səspénd]　他 一時中止にする

45 eliminate [ilímənèit]

他 排除する；削除する；考慮外とする

We need to utilize recycling methods that will **eliminate** waste in this office.
我々は、このオフィスのゴミをなくすリサイクルの方策を取り入れる必要がある。

46 expire [ikspáiər]

自 （期限が）切れる；放出する　他 吐き出す

○ 「期限が来て、権利や効力がなくなる」という意味。名詞を使った expiration date（有効期限）も TOEIC に頻出。

Please note that your subscription will **expire** in 60 days.
お客様の予約購読期間は60日後に切れることにご注意ください。

派 □ **expiration** [èkspəréiʃən]　名 期限切れ；満期
類 □ **lapse** [læps]　自 （権利などが）失効する

47 accompany [əkʌ́mpəni]

他 同行する；～に伴って起こる；添える

Ms. Garson will **accompany** the CEO on his business trip.
ガーソンさんは最高経営責任者の出張に同行する。

| 48 | ☐ **bear** [béər] | 他 耐える；運ぶ；(子を)生む |

Sometimes the economic crisis seems too difficult to **bear**.
時には、経済危機が耐え難く思われることがある。

類 ☐ **endure** [indjúər]　他 耐え抜く
　　☐ **tolerate** [tάlərèit]　他 許容する；耐える
　　☐ **put up with**　〜に我慢する

| 49 | ☐ **chair** [tʃéər] | 他 〜の司会者［議長］を務める |

○「司会者」は chairman または chairperson。これらには会社の「会長」の意味もある。

Ms. Franks was asked to **chair** the next committee, and she gladly accepted.
フランクスさんは次の委員会の司会をするよう依頼され、快く引き受けた。

類 ☐ **preside over**　〜の司会をする

| 50 | ☐ **host** [hóust] | 他 主人役を務める；主催する；接待する
名 主人役；世話役 |

Our company will **host** the local marathon this year.
当社は今年、地元のマラソンレースを主催する。

CD-1 Track 17

| 51 | ☐ **confuse** [kənfjúːz] | 他 困惑させる；混同する |

○「困惑させる」の意味では、Don't **confuse** me with too much detail.（あまりに細かいことを言って私を困惑させないで）のように使う。

The issues are similar so it's important not to **confuse** them.
問題は似通っているので、混同しないことが大切です。

類 ☐ **perplex** [pərpléks]　他 当惑させる；迷わす
　　☐ **puzzle** [pázl]　他 当惑させる；煩わす
　　☐ **complicate** [kάmpləkèit]　他 複雑にする；込み入らせる

52 **blame** [bléim]
他 非難する　名 非難；責任

< blame B on A >< blame A for B >（B の責任を A のせいにする）

Mr. Riley **blamed** the misunderstanding on a series of unexpected events.
ライリーさんは誤解を一連の思いがけない出来事のせいにした。

類 □ **condemn** [kəndém]　他 非難する；とがめる

53 **regulate** [régjulèit]
他 規制する；統制する

The government is planning to tightly **regulate** the industry.
政府はその業界を厳しく規制しようとしている。

派 □ **regulation** [règjuléiʃən]　名 規則；規制

54 **register** [rédʒistər]
自 登録（手続きを）する（for, with, at）
他 記録する；登録する；（郵便物を）書留にする

The deadline to **register** for the seminar is next week.
そのセミナーに登録する期限は来週です。

派 □ **registration** [rèdʒistréiʃən]　名 登録；記載；書留郵便
類 □ **enroll** [inróul]　自 〜に入学［出席］登録する（in）

55 **locate** [lóukeit | -́-]
他（所在位置を）突き止める；置く；据える

受け身で会社などの所在地を示すのに使う。Our head office is **located** in Osaka.（当社の本社は大阪にあります）

My computer is trying to **locate** the wireless network and it's taking some time.
私のパソコンは無線ネットワークを見つけようとしているので、少し時間がかかっています。

56 **fold** [fóuld]
他 折る；たたむ
自 折れる；（事業などが）つぶれる

「つぶれる」の意味では、The café on the corner **folded** last month.（その角のカフェは先月、店を閉じた）のように使う。

Please **fold** the letter properly before placing it in the envelope.

封筒に入れる前に手紙をきれいに折りたたんでください。

反 □ **unfold** [ʌnfóuld] 他 開く；明らかにする 自（物事が）進展する

| 57 | □ **lean** [líːn] | 自 よりかかる（against, upon）；（意見などに）傾く（toward, to）；身体を曲げる |

◎Part 1 の要注意語。

Please move the post that's **leaning** against the wall so that visitors won't trip over it.
お客さんがつまずかないように、壁に立てかけてある棒を移動してください。

| 58 | □ **hang** [hǽŋ] | 他 掛ける；取り付ける 自 掛かる；垂れ下がる |

Where should I **hang** this painting?
この絵をどこに掛けたらいいかしら。

| 59 | □ **fix** [fíks] | 他 修理する；決める；固定させる |

◎ **fix** a date（日程を確定する）、**fix** a clock to a wall（壁に時計を取り付ける）

It will take about two days to **fix** the leak in the ceiling.
天井の雨漏りを直すのにおおかた2日かかるだろう。

類 □ **repair** [ripέər] 他 修理する；回復する
　　□ **mend** [ménd] 他 修理する；繕う；改める

| 60 | □ **pack** [pǽk] | 他 梱包する；詰め込む |

We still have a lot of things to **pack** before we move offices.
オフィスを移転する前に、まだ梱包するものがたくさんある。

類 □ **wrap** [rǽp] 他 包装する
　　□ **stow** [stóu] 他 詰め込む；積み込む

| 61 | **occupy** [ákjupài] | 他 占める；ふさぐ；専心させる |

I tried to park my car in the designated place this morning but someone was **occupying** it.
私は今朝、指定スペースに車を駐めようとしたが、すでにだれかがそこに駐めていた。

派 □ **occupied** [ákjupàid] 形 ふさがった；（トイレなどが）使用中の

| 62 | **imply** [implái] | 他 暗示する；それとなく伝える |

Are you **implying** that I am always late to work?
あなたは私がいつも遅刻していると言うの？

派 □ **implication** [ìmplikéiʃən] 名 含み；（通例、複数）影響
類 □ **hint at** 〜をほのめかす

| 63 | **state** [stéit] | 他 明言する；指定する
名 状態；地位；国家；州 |

Please **state** your business with us today.
今日はあなたのビジネスのことを私たちにしっかり教えてください。

派 □ **statement** [stéitmənt] 名 声明；申し立て；明細（書）
類 □ **announce** [ənáuns] 他 発表する
　□ **declare** [dikléər] 他 宣言する；明言する
　□ **disclose** [disklóuz] 他 発表する；暴露する

| 64 | **outline** [áutlàin] | 他 略述する；〜の輪郭を描く |

Participants in our program are required to **outline** their goals and submit them to us by this evening.
私たちのプログラムの参加者は目標の要点を記述し、それを今夜までに提出する必要があります。

| 65 | **demonstrate** [démənstrèit] | 他 （実演などによって）説明する；論証する
自 デモをする |

● ビジネスでは、「商品を実演して紹介する」という意味でよく使う。

Mr. Greene will **demonstrate** how the latest model works.
グリーンさんが最新モデルがどのように動くかを披露する。

派 ☐ **demonstration** [dèmənstréiʃən] 形 実演；論証；デモ行進

66 ☐ **impose** [impóuz] 他 課する；（意見などを）押しつける

The government is **imposing** heavy fines on those corporations that file their taxes late.
政府は、税金の申告が遅れた企業に重い罰金を科している。

類 ☐ **levy** [lévi] 他 課する；取り立てる
☐ **force** [fɔ́ːrs] 他 強要する

67 ☐ **insist** [insíst] 他 強く主張する；力説する

○ insist、demand、require など「要求」を表す動詞が導く that 節は仮定法現在となり、動詞は原形とする。

Mr. Carter **insisted** that we stay for the second presentation.
カーターさんは私たちが2回目のプレゼンまでねばるべきだと主張した。

類 ☐ **demand** [dimǽnd] 他 要求する
☐ **maintain** [meintéin] 他 主張する；言い張る；保持する

68 ☐ **relieve** [rilíːv] 他 和らげる；軽減する

Another aid agency was called in after the disaster to **relieve** the burden of the charity organization.
その災害の後、慈善団体の負担を軽減するため、別の支援団体が招へいされた。

派 ☐ **relief** [rilíːf] 名 緩和；気晴らし；救済；救援物資
類 ☐ **alleviate** [əlíːvièit] 他 緩和する；軽減する

69 praise [préiz]
他 賞賛する　名 賞賛

Mr. Jensen was **praised** for bringing the agency a multimillion-dollar account.
ジェンセンさんは代理店に数百万ドルの顧客をもたらしたとして賞賛された。

類 □ **commend** [kəménd]　他 ほめる；推薦する
　□ **admire** [ædmáiər]　他 賞賛する；感嘆する
反 □ **criticize** [krítəsàiz]　他 非難する；けなす
　□ **condemn** [kəndém]　他 非難する；とがめる

70 reject [ridʒékt]
他 拒絶する；断る

○ reject や refuse は断固とした強い拒絶を表す。decline は丁重に断るときに使う。

The editor **rejected** the first photo submitted for the cover page.
編集長は表紙用に提出された最初の写真を没にした。

類 □ **turn down**　〜を断る；〜を拒否する
　□ **refuse** [rifú:z]　他 （きっぱりと）断る
　□ **decline** [dikláin]　他 （穏やかに）断る

CD-1 Track 19

71 settle [sétl]
他 解決する；処理する；清算する
自 住みつく

The two parties seem willing to **settle** the dispute immediately.
両者はその紛争をすぐにも解決しようとしているようだ。

派 □ **settlement** [sétlmənt]　名 調停；解決；定住

72 recover [rikʌ́vər]
自 回復する；復旧する　他 取り戻す；回復する

○「病気などから回復する」場合には recover from 〜とする。「取り戻す」という意味では、The police **recovered** a stolen car.（警察は盗まれた車を取り戻した）のように使う。

It may take a long time for the economy to **recover**.
経済が回復するには長い時間がかかるかもしれない。

派 □ **recovery** [rikʌ́vəri]　名 回復；復旧

73 survive [sərváiv]
自 生き延びる　他 ～から生き延びる

● 他動詞として、直接目的語を続けることもできる。He **survived** the crash last month.（彼は先月の墜落事故で生き残った）

It's difficult for many start-ups to **survive** these days.
最近では、多くの新興企業は生き残るのが難しい。

派 □ **survival** [sərváivəl] 名 生存；残存
Notes **start-up** 名 新興企業；創業間もない会社

74 address [ədrés]
他 （問題などに）取り組む；（意見などを）述べる；演説する

The company was asked to **address** the problem with its faulty product.
その会社は欠陥商品の問題に対処するよう求められた。

類 □ **tackle** [tǽkl] 他 取り組む
　 □ **deal with** ～を処理する；～を取り扱う

75 oversee [òuvərsíː]
他 監督する；統括する

●「見過ごす」は overlook を使うので注意。overlook にも「監督する」の意味がある。

The supervisor from the downtown branch was called in to **oversee** the big project.
ダウンタウン支店の支店長は、その大きなプロジェクトを統括するために呼ばれた。

類 □ **supervise** [súːpərvàiz] 他 監督する；管理する

76 resume [rizúːm]
他 再び始める；再開する；取り戻す

After a short holiday, we are ready to **resume** our regular working hours.
短い休暇の後で、私たちは通常業務を再開する用意が整っている。

派 □ **resumption** [rizʌ́mpʃən] 名 再開；回収
類 □ **restart** [rìstáːrt] 他 再開する

基本動詞　LEVEL 2

77 ☐ **clarify** [klǽrəfài]
他 明らかにする；浄化する

Let's meet next week so that I may **clarify** our firm's position.
会社のポジションをはっきりさせるために、来週会いましょう。

78 ☐ **expose** [ikspóuz]
他 さらす；触れさせる；暴く

The artist is hoping to **expose** his work to as many people as possible.
その美術家は自分の作品をできるかぎり多くの人々に見てもらいたいと思っている。

派 ☐ **exposure** [ikspóuʒər] 名 さらすこと；暴露；（写真の）露光時間
類 ☐ **reveal** [rivíːl] 他 明かす；暴露する
☐ **unveil** [ʌ̀nvéil] 他 公表する；ベールを外す
☐ **uncover** [ʌ̀nkʌ́vər] 他 暴く；おおいを取り去る

79 ☐ **decorate** [dékərèit]
他 飾る

The famous interior designer helped **decorate** our offices.
その有名なインテリアデザイナーは我々のオフィスを装飾するのを助けてくれた。

派 ☐ **decorative** [dékərətiv] 形 装飾的な

80 ☐ **emphasize** [émfəsàiz]
他 強調する

I would like to **emphasize** the importance of showing up prepared for meetings.
会議にはしっかりと準備して出席することが重要であると、私は強調したい。

派 ☐ **emphasis** [émfəsis] 名 強調
類 ☐ **stress** [strés] 他 強調する；力説する
☐ **underline** [ʌ́ndərlàin|ˋ−−ˊ] 他 強調する；下線を引く
☐ **highlight** [háilàit] 他 強調する；マーカーで印を付ける

CD-1 Track 20

81 ☐ **assume** [əsúːm]
他 推定する；思う

○「明確な根拠や証拠がなく推定する」ときに使う。

A good salesperson always **assumes** that the customer really needs the product.
よい販売員というものは、顧客がその製品を本当に必要としていると、いつも想定しているものだ。

派 □ **assumption** [əsʌ́mpʃən] 名 想定；仮定
類 □ **presume** [prizú:m] 他 推定する；みなす

82 □ **infer** [infə́:r]　　他 推論する；推量する

We **inferred** that the CEO wouldn't sign the document by his mannerisms.
私たちは、CEO がいつもの行動パターンからその書類にサインしないだろうと推測した。

類 □ **deduce** [didjú:s] 他 推論する；推定する
　Notes **mannerism** 名 言動の癖

83 □ **modify** [mádəfài]　　他（部分的に）修正する

○ change が部分的な場合には modify を用いる。

Please let me know if you need to change or **modify** the documents in any way.
その書類をどこか変更または修正する必要があれば、教えてください。

類 □ **alter** [ɔ́:ltər] 他（性質や構成を）変える；改める

84 □ **finalize** [fáinəlàiz]　　他 仕上げる；〜に決着をつける

Let's **finalize** the deal with a handshake.
握手をして、取引をまとめることにしましょう。

類 □ **wrap up**　〜を終える；〜を仕上げる

85 authorize [ɔ́:θəràiz]
他 認定する；権限を与える

○「正式な、ないしは公的な許可を与える」という意味の動詞。

I'm sorry, but I did not **authorize** payment on this credit card.
すみませんが、私はこのクレジットカードの支払いを認めていません。

派 □ **authority** [əθɔ́:rəti] 名 権威；権限

86 restrict [ristríkt]
他 制限する；限定する

There's a local ordinance that is designed to **restrict** the noise in this town.
この町には騒音を規制することを目的とする地元の条例がある。

類 □ **confine** [kənfáin] 他 制限する；監禁する
　 □ **limit** [límit] 他 制限する
Notes **ordinance** 名 条例

87 anticipate [æntísəpèit]
他 予想する；先取りをする

We didn't **anticipate** such good sales in this bad economic climate.
私たちは、こうした経済状況が悪いときに、これほど良好な売り上げを期待してはいなかった。

88 remove [rimú:v]
他 取り除く；免職させる；（服などを）脱ぐ

Please **remove** all unauthorized images from your web site.
貴社のウェブサイトから無許可の画像を削除してください。

派 □ **removal** [rimú:vəl] 名 除去；解任
類 □ **get rid of** 〜を取り除く
　 □ **dismiss** [dismís] 他 解任［解雇］する
　 □ **discharge** [distʃá:rdʒ] 他 解任［解雇］する
　 □ **take off** 〜を脱ぐ

89 restore [ristɔ́:r]
他 復元する；修復する；取り戻す

The president tried to **restore** the people's faith in him.
大統領は、自分に対する国民の信頼を回復しようとした。

類 ☐ **reinstate** [rìinstéit]　他 修復する；(人を) 元に地位に戻す
Notes **faith**　名 信任；信仰

---

90 ☐ **attribute**　他 (A が B に) 起因すると考える
[ətríbju:t]

○ ＜**attribute** A to B＞（AがBに起因すると考える）の形で覚えておきたい。

I can **attribute** my success to good, old-fashioned hard work.
私の成功は、まじめな、昔ながらのハードワークの賜物です。

類 ☐ **ascribe A to B**　A が B に起因すると考える

CD-1 Track 21

---

91 ☐ **maximize**　他 最大にする
[mǽksəmàiz]

The sales department is certain that this new strategy will **maximize** profits.
販売部はこの新しい戦略が利益を極大化すると確信している。

反 ☐ **minimize** [mínəmàiz]　他 最小にする

---

92 ☐ **emerge**　自 現れる；明らかになる
[imə́:rdʒ]

○ 現在分詞の形容詞も覚えておきたい。**emerging** economies（新興経済）

This stock will **emerge** as the number one performer in the market.
この株式はマーケットで値上がりナンバーワンの銘柄として浮上するだろう。

派 ☐ **emerging** [imə́:rdʒiŋ]　形 出現する；台頭する

---

93 ☐ **cater**　自 (料理・サービスなどを) 提供する (to)
[kéitər]

○ 自動詞なので、**cater to** で目的語を続ける。

Some shops only **cater** to wealthy clients.
いくつかの店は富裕層の顧客にだけサービスを提供する。

類 ☐ **serve** [sə́:rv]　他 提供する

基本動詞 LEVEL 2

94 **seize** [síːz]
他 つかむ；捕らえる；奪う

You must **seize** every opportunity to get the most for your money.
あらゆる機会を捉えて、あなたの資金を最大限活用しなければならない。

- 派 □ **seizure** [síːʒər]　名 つかむこと；押収；発病
- 類 □ **grab** [grǽb]　他 つかみ取る；軽い食事をする
- □ **capture** [kǽptʃər]　他 捕まえる
- □ **confiscate** [kánfəskèit]　他 没収する；差し押さえる

95 **annoy** [ənɔ́i]
他 悩ませる；困らせる

My coworker's bad daily habits are starting to **annoy** me.
私の同僚の日々の悪習慣が私を悩ませ始めている。

- 派 □ **annoyance** [ənɔ́iəns]　名 困惑；迷惑なこと
- 類 □ **irritate** [írətèit]　他 いらいらさせる；怒らせる
- □ **vex** [véks]　他 いらいらさせる；悩ませる

96 **beat** [bíːt]
他 打ち負かす；打つ　自 鼓動する

The champion **beat** the challenger and will hold on to his title for another year.
チャンピオンは挑戦者を破り、もう1年タイトルを保持する。

- 類 □ **defeat** [difíːt]　他 打ち破る；挫折させる
- Notes **hold on to**　～を持ち続ける

97 **combine** [kəmbáin]
他 組み合わせる　自 結合する

The two departments **combined** their talents to make the project a success.
2つの部署は、そのプロジェクトを成功させるために、それぞれの部署の能力のある人を結集させた。

- 類 □ **integrate** [íntəgrèit]　他 結合させる
- □ **merge** [mə́ːrdʒ]　他 合併する；混ぜ合わせる

98 □ **insert** [insə́:rt]
他 挿入する；書き込む　名 挿入物

○ 名詞の insert は折り込みチラシなどの「挿入物」を指す。

Insert your card into the slot and make a selection.
スロットにカードを差し込んで、選択してください。

99 □ **pour** [pɔ́:r]
他 注ぐ；(気持ちを) 吐露する
自 (雨が) 激しく降る

The contents of the bottle were **poured** all over her clothes.
その瓶の中身が彼女の服全体にかかってしまった。

類 □ **spill** [spíl]　自 こぼれる；いっぱいに広がる

100 □ **stack** [stǽk]
他 積み重ねる；詰め込む

Be sure to **stack** the discs in alphabetical order.
このディスクをアルファベット順に積み重ねてください。

One-Point Advice 1　Part 1 は動作・モノ・位置関係に注意

　Part 1 の写真問題で要注意の単語は、「部屋の中のものや家具」「外の風景」「モノの状態（☞ p.254 参照）」「人の動作（☞ p.253 参照）」「方向と位置関係」など、他の Part ではあまり出ない単語が解答のポイントになります。

　utensils（台所用品）、railing（手すり）、reflection（［水やガラスの上の］反映）、opposite（反対［側］の）、behind（～の背後に）、in a pile（重ねられて）など、モノや視覚に関係する単語や表現に注意しましょう。

第2章
基本形容詞・副詞

CD-1 Track 22 〜 CD-1 Track 41

LEVEL 1 66
LEVEL 2 90

LEVEL 1

CD-1 Track 22

1 available [əvéiləbl]　形 利用できる

○「物が利用できる」をはじめ、「(アパートなどが)入居できる」「(人の手が)空いている」「(電話に)出られる」など、幅広く使える。

Please tell me if you have an **available** time to meet.
お会いできる時間があればお教えください。

2 effective [iféktiv]　形 効果的な

All employees must learn how to use **effective** communication when dealing with clients.
お客様と応対するときに有効なコミュニケーション方法を、社員全員が学ばなくてはならない。

派 **effect** [ifékt]　名 効果；影響

3 efficient [ifíʃənt]　形 効率的な

○「かける労力や支出に比して効果や生産性が高い」という意味。

I would like to buy an **efficient** car that has good gas mileage.
私は、燃費がいい効率的な車を買いたい。

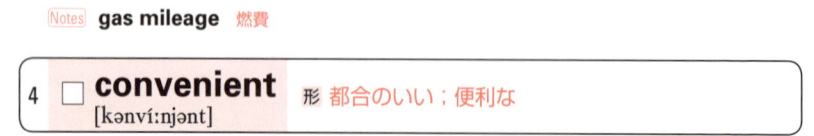

Notes **gas mileage** 燃費

4 convenient [kənvíːnjənt]　形 都合のいい；便利な

○ It is **convenient** for 人 to *do* (do するのは [人] に都合がいい) の形をよく使う。人を主語に convenient を続けることはないので注意。

It is not **convenient** for me to drive across town for a meeting this afternoon.
午後の会議のために市内を車で横断するのは私には便利なことではない。

5. eager [íːgər]
形 熱心な；〜を切望して

○ **be eager to** do (do することに熱心である)

I'm always **eager** to finish my workday and go home and spend time with my family.
私はいつも、仕事を終えて家に帰り、家族と過ごしたくてたまらない。

6. familiar [fəmíljər]
形 よく知っている；精通している

○ **be familiar with** ([人が] 〜をよく知っている)、**be familiar to** ([モノ・人が] 〜によく知られている)

In order to sell well you must be **familiar** with the product you are selling.
上手に販売するには、売っている商品に精通していなければならない。

7. polite [pəláit]
形 丁寧な；礼儀正しい

We must respect the customs of the country and be **polite** at all times.
その国の習慣を尊重し、常に礼儀正しく振舞わなければならない。

類 □ **courteous** [kə́ːrtiəs] 形 礼儀正しい；丁寧な
　 □ **sophisticated** [səfístəkèitid] 形 洗練された；気の利いた
反 □ **impolite** [ìmpəláit] 形 無礼な；不作法な
　 □ **rude** [rúːd] 形 無礼な；粗暴な

8. formal [fɔ́ːrməl]
形 公式の；正式の

I don't think you and I have had a **formal** introduction yet.
私たちはまだ正式に紹介を受けていませんでしたよね。

反 □ **informal** [infɔ́ːrməl] 形 非公式の；形式張らない

9 ☐ proper [prápər]
形 適切な；上品な；特有の

○ the customs **proper** to Japan（日本に独特の習慣）、**proper** behavior（上品な振る舞い）

We need to remember the **proper** way to greet people in that country when we are there.
その国へ行くときには、正しい挨拶の仕方を覚えておく必要がある。

10 ☐ responsible [rispánsəbl]
形 責任がある

○ **be responsible** [liable] **for**（〜に責任がある）

Mr. Dorman is **responsible** for the staff in the artistic department.
ドーマンさんは美術部門のスタッフを率いる責任者だ。

類 ☐ **liable** [láiəbl]　形（法的な）責任がある

CD-1 Track 23

11 ☐ expensive [ikspénsiv]
形 高価な；高級な

Most of the souvenirs in the gift shop are too **expensive** for me.
そのギフトショップの土産品のほとんどは、私には高すぎる。

類 ☐ **costly** [kɔ́:stli]　形 高価な；ぜいたくな
反 ☐ **inexpensive** [ìnikspénsiv]　形 安価な；値段の割に価値がある

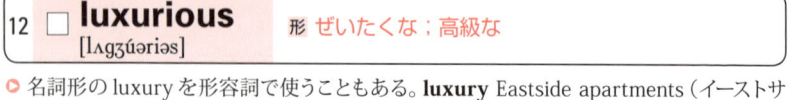

12 ☐ luxurious [lʌgʒúəriəs]
形 ぜいたくな；高級な

○ 名詞形の luxury を形容詞で使うこともある。**luxury** Eastside apartments（イーストサイドの高級マンション）

The members of the staff that went to the seminar were able to stay in **luxurious** accommodations.
セミナーに参加した社員の面々はぜいたくな宿泊施設に泊まることができた。

13 ☐ financial [finǽnʃəl]
形 財務の；金融の

○ **financial** statements（財務諸表）、a **financial** crisis（金融危機）

Mr. Brown takes care of all **financial** matters.

ブラウンさんは財務全般を担当している。

14 ☐ economical [èkənámikəl] 形 経済的な；コストがかからない

○「かけるお金・時間・労力に比して価値がある」という意味。economic（経済の）と区別して覚えておきたい。

Please find the most **economical** flight for my business trip next month.
来月の私の出張には、一番安いフライトを探してください。

類 ☐ **budget** [bʌ́dʒit] 形 安価な　名 予算

15 ☐ wealthy [wélθi] 形 裕福な

All the employees at that corporation are **wealthy** because its CEO allows them to share profits.
その会社の社員がみんな裕福なのは、社員が利益を分かち合うことをCEOが認めているからだ。

類 ☐ **affluent** [ǽfluənt] 形 裕福な；豊富な
☐ **well-to-do** [wél-tə-dúː] 形 裕福な

16 ☐ reasonable [ríːzənbl] 形 合理的な；妥当な；（値段が）それほど高くない

○「合理的な」の原意から、「値段が適切な」＝「リーズナブル」の意味でも使う。

Please give us a **reasonable** explanation about why this software is good.
このソフトウェアがなぜ優れているのか、納得できる説明をしてください。

類 ☐ **rational** [rǽʃənl] 形 合理的な；理性的な
☐ **logical** [lάdʒikəl] 形 論理的な

基本形容詞・副詞　LEVEL 1

| 17 | ☐ **legal** [líːgəl] | 形 法律の；合法の；法定の |

○ **legal** age for smoking（喫煙の法定年齢）

If the accident was the other person's fault you may have some **legal** recourse.
事故が他人の過失によるものなら、あなたは法的手段に訴えることができます。

類 ☐ **lawful** [lɔ́ːfəl] 形 合法の；正当な
　　☐ **legitimate** [lidʒítəmət] 形 合法の；正当な

| 18 | ☐ **loyal** [lɔ́iəl] | 形 忠実な；信義に厚い |

Our employees are very **loyal** to the firm so we have a low turnover rate.
当社の社員は会社に対する忠誠心が非常に高いため、離職率が低い。

類 ☐ **faithful** [féiθfəl] 形 忠実な；誠実な
Notes **turnover rate** 離職率

| 19 | ☐ **flexible** [fléksəbl] | 形 柔軟な；融通の利く |

○ 動詞 flex は「(手足を) 曲げる；(筋肉を) 動かす」の意。

I like my job because I work **flexible** hours.
フレックスタイムで働けるので、私は今の仕事が気に入っている。

| 20 | ☐ **reliable** [riláiəbl] | 形 信頼できる；頼りになる |

We pride ourselves on our **reliable** service and customer satisfaction.
信頼できるサービスとお客様の満足が私どもの誇りです。

類 ☐ **dependable** [dipéndəbl] 形 信頼できる
Notes **pride oneself on** ～を誇りにする

CD-1 Track 24

| 21 | ☐ **practical** [præktikəl] | 形 実際の；実用的な |

○ a **practical** kitchen（実用的なキッチン）。**for practical purposes** は「事実上；あらゆる点から考えて」の意のイディオム。

We will not be having a year-end party for **practical** purposes.
私たちは、事実上、忘年会は開催しません。

| 22 □ | **secure**
[sikjúər] | 形 安全な；頑丈な |

○ **secure** nuts and bolts（しっかり固定されたナットとボルト）

James wanted to be sure that he was making a **secure** investment so he called his broker.
自分が安全な投資をしているかどうかを確認したくて、ジェイムズは証券会社の担当者に電話した。

| 23 □ | **stable**
[stéibl] | 形 安定した；しっかりした |

We should wait till the economy is **stable** before we make the investment.
我々は、景気が安定するのを待ってから、投資をするべきだ。

類 □ **firm** [fə́ːrm] 形 堅固な；しっかりした
　 □ **steady** [stédi] 形 固定された；安定した；着実な

| 24 □ | **individual**
[ìndəvídʒuəl] | 形 個人の；個別の　名 個人 |

○「個性的な」の意味で用いることもできる。her own, highly **individual** style（彼女自身の、きわめて個性的なスタイル）

Every employee is responsible for his or her own **individual** tasks.
社員全員がそれぞれの仕事に責任を持っている。

| 25 □ | **particular**
[pərtíkjulər] | 形 好みのうるさい；特定の；特別な |

○ **be particular** [meticulous] **about**（〜にうるさい）の形でよく使う。「特定の」の意味では、a **particular** faction of the party（その政党の特定の派閥）のように用いる。

Our CFO is very **particular** about the numbers on the financial documents.
当社の最高財務責任者は、財務書類の数字にとりわけ細かい。

類 □ **meticulous** [mətíkjuləs] 形 細かいところにこだわる

26 ☐ **specific** [spisífik]
形 明確な;具体的な;特定の

○ be **specific** (about) は「相手にもっと具体的に話す」ように依頼する疑問文でよく使う。**to be specific**(具体的に言えば)は、さらに具体的な説明をするときに使う。the **specific** needs なら「特定のニーズ」の意味。

Could you be more **specific** about the details of the plan?
その計画の詳細についてもう少し具体的に話していただけますか。

27 ☐ **respective** [rispéktiv]
形 それぞれの;各自の

○ respectful(尊敬の念に満ちた;丁寧な)、respectable([人柄・服装などが]まともな)と区別して覚えたい。なお、名詞 respect には「尊敬」のほかに、「項目;細目」の意味がある。

After the company closed its doors, the employees went their **respective** ways.
その会社が閉鎖となった後、社員はそれぞれの道を歩んだ。

類 ☐ **separate** [séparət] 形 別々の;異なった

28 ☐ **annual** [ǽnjuəl]
形 毎年の;年に1度の

○「年に1度の」という意味と、「その1年間全体にわたる」という意味がある。an **annual** subscription(年間購読)

The **annual** picnic is postponed due to the rain.
毎年恒例のピクニックは雨のため延期です。

類 ☐ **yearly** [jíərli] 形 毎年の;年1回の
関 ☐ **quarterly** [kwɔ́:rtərli] 形 四半期の;年4回の
☐ **monthly** [mʌ́nθli] 形 月1回の;月刊の
☐ **daily** [déili] 形 毎日の;日刊の

29 ☐ **former** [fɔ́:rmər]
形 前の;かつての

○ 文章や会話で、「前者」を指すときには the **former** と言う。「後者」は the latter である。

Our **former** secretary quit to go back to her old job at a different company.
前任の秘書は、別の会社の旧職に戻るために退社した。

30 □ **previous** [príːviəs]
形 前の;前回の

Our **previous** CEO handed down the business to his nephew.
当社の前CEOは、甥に事業を継承した。

類 □ **preceding** [prəsíːdiŋ] 形 先行する;前の
□ **prior** [práiər] 形 先の;前の;優先する
Notes **hand down** 〜を継承する;〜を伝える

CD-1 Track 25

31 □ **initial** [iníʃəl]
形 最初の;初期の

The product's **initial** testing on the market went very smoothly.
その製品の最初のテスト販売はとても順調に進んだ。

32 □ **punctual** [pʌ́ŋktʃuəl]
形 時間に正確な

Nelson is very **punctual** and has never been late to a meeting.
ネルソンは時間にとても正確で、会議には遅れたことがない。

33 □ **urgent** [ə́ːrdʒənt]
形 緊急の;至急の

Ms. Parker was called away on **urgent** business and won't return until next week.
パーカーさんは緊急の仕事で出かけてしまい、来週まで戻ってきません。

類 □ **pressing** [présiŋ] 形 緊急の
Notes **call away** (仕事などが他のところに)行かせる;呼び出す

34 □ **correct** [kərékt]
形 正しい;正確な 他 訂正する

All employees must follow the **correct** procedure when handling equipment.
装置を扱うときは、社員は全員、正しい手順に従わなければならない。

類 □ **accurate** [ǽkjurət] 形 正しい;正確な;精密な

35 ☐ **exactly** [igzǽktli] 副 正確に；まさしく

○ 会話で、自分が言ったことを相手から確認されたときに、「その通りです」と念を押すときに **Exactly.** を使う。

It's important to tell your supervisors **exactly** what the problem is when the machinery malfunctions.
機械が誤作動した場合には、上司に問題を正確に伝えることが重要だ。

36 ☐ **approximately** [əprάksəmətli] 副 おおよそ；約

○「おおよそ；約」と限定を避ける副詞には、roughly や around、about などがある。

The new building is **approximately** five miles away from here.
新しいビルはここから約5マイル離れています。

37 ☐ **pleasant** [plézənt] 形 楽しい；心地良い

Thanks for flying with us and we wish you a **pleasant** journey.
ご搭乗ありがとうございます。楽しい旅になることをお祈りいたします。

類 ☐ **enjoyable** [indʒɔ́iəbl] 形 楽しめる；愉快な
　 ☐ **agreeable** [əgríːəbl] 形 気分のいい；快い

38 ☐ **delighted** [diláitid] 形 喜んだ

○ pleased と同様に、**be delighted with** [**to** *do*]（〜で [do して] 嬉しい）という形で使える。

We were all **delighted** when the manager told us that the entire staff would receive raises.
部長が社員全員の昇給を告げたときには、私たちはみんな喜びに沸いた。

類 ☐ **pleased** [plíːzd] 形 喜んだ；満足した
　 Notes **raise** 名 昇給

39 ☐ **comfortable** [kʌ́mfərtəbl] 形 快適な；くつろいだ

I was lucky to have a **comfortable** seat for the long flight.
長いフライトの間、快適な席に座れて運が良かった。

類 □ **cozy** [kóuzi]　形 居心地のいい；くつろいだ

40 □ **curious** [kjúəriəs]　形 好奇心の強い；興味深い

○ 叙述用法では、**be curious about**（〜に関心を持つ）の形がよく使われる。

Our CEO is a **curious** man who always likes to discover new things.
私たちのCEOは、常に新しいものを探すことが好きな、好奇心の強い人です。

CD-1 Track 26

41 □ **serious** [síəriəs]　形 重大な；深刻な；本気の

○ **be serious about** で「〜に真剣に取り組んでいる」。

Whether or not we should claim bankruptcy is a **serious** issue so we need to deliberate it for a while.
破産を申告すべきかどうかは重大な問題なので、しばらく慎重に考える必要がある。

Notes **claim bankruptcy**　破産を申告する

42 □ **significant** [signífikənt]　形 重要な；かなりの

○ 「重要な」の意味では、This project is quite **significant** to our company.（このプロジェクトは当社にとってきわめて重要だ）のように使う。

The city has made **significant** progress in the big road construction project.
道路建設の大型プロジェクトを、市はかなり進展させた。

43 □ **additional** [ədíʃənl]　形 追加の；さらなる

We need to get an **additional** power supply to handle all of our equipment.
すべての装置を動かすには追加の電力を確保しなければならない。

派 □ **addition** [ədíʃən]　名 追加；加わった人〔物〕
類 □ **extra** [ékstrə]　形 余分の；割り増しの
　　□ **further** [fə́ːrðər]　形 それ以上の；さらに向こうの

44. **spare** [spéər]
形 予備の；余分な

We have a **spare** room in the office for one-on-one client meetings.
お客様と一対一の会議をするために、会社には予備の部屋があります。

45. **ordinary** [ɔ́:rdənèri]
形 普通の；ありふれた

○ normalと同様「普通の」の意味だが、時に「ありふれた；凡庸な；つまらない」というネガティブな含意で使われる。

Our high-tech computers do not have **ordinary** features.
弊社の最先端コンピュータにはありふれた機能は付いていません。

類 □ **common** [kámən] 形 よくある；ありふれた；共通の
□ **average** [ǽvəridʒ] 形 平均的な；普通の

46. **traditional** [trədíʃənl]
形 伝統的な；旧来の

The couple had a very **traditional** wedding ceremony.
そのカップルはきわめて伝統的な結婚式を挙げた。

47. **regular** [régjulər]
形 いつもの；定期的な；規則正しい

I don't want to be a flight attendant because they don't work **regular** hours.
規則的な勤務ではないので、私は客室乗務員にはなりたくない。

48. **opposite** [ápəzit]
形 正反対の；反対側の

○ the **opposite** side of the platform なら「ホームの反対側」の意。

Although I thought we should go ahead with the sale, Mr. Brighton had the **opposite** opinion.
私は販売を進めるべきだと思ったが、ブライトンさんは逆の意見だった。

類 □ **contrary** [kántreri] 形 正反対の

49 ☐ **similar** [símələr] 形 似ている；同様の

○ **similar to** で「〜と同様の」。Shanghai is **similar to** New York in some ways.（上海はいくつかの点でニューヨークに似ている）

These two structures are made with **similar** materials.
この2つの構造体は似たような材料でできている。

50 ☐ **sufficient** [səfíʃənt] 形 十分な

The accountant assured us that we had **sufficient** funds for the new endeavor.
会計士は私たちに、新規事業のための十分な資金があることを請け合った。

類 ☐ **ample** [ǽmpl] 形 豊富な；十分な
Notes **endeavor** 名 事業；努力

CD-1 Track 27

51 ☐ **frequently** [frí:kwəntli] 副 頻繁に；しばしば

○ How **frequently** 〜? は「頻度」を尋ねるときに用いる疑問文。

How **frequently** do you use the Internet every day?
あなたはインターネットを毎日どのくらい使いますか。

類 ☐ **regularly** [régjulərli] 副 定期的に；いつも

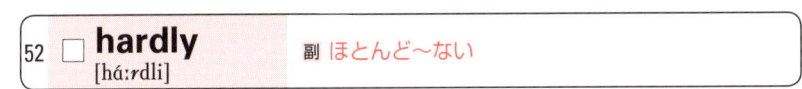

52 ☐ **hardly** [háːrdli] 副 ほとんど〜ない

○ scarcely や barely がほぼ同様の意味を表す。

I could **hardly** believe my ears when I heard our profits tripled this quarter!
今四半期の利益が3倍になったと聞いて、私は耳を疑った。

53 ☐ **seldom** [séldəm] 副 めったに〜しない

Karen is easygoing and **seldom** has a conflict with her coworkers.
カレンはおおらかな性格で、同僚ともめることはめったにない。

類 ☐ **rarely** [réərli] 副 まれにしか〜ない

基本形容詞・副詞 LEVEL 1

54 □ **immediately** [imíːdiətli]
副 今すぐに

○ 切迫感のある「今すぐ」を示唆する副詞。

Ms. Harris, the manager would like to see you in his office **immediately**.
ハリスさん、部長が今すぐに部屋に来てほしいそうですよ。

類 □ **at once** すぐに
　□ **right away** すぐに
　□ **promptly** [prάmptli] 副 敏速に

55 □ **simultaneously** [sàiməltéiniəsli]
副 同時に

A video conference was held **simultaneously** between Tokyo and Zurich with the board members and the CEO.
役員会メンバーとCEOが出席するテレビ会議が、東京とチューリヒで同時に開かれた。

類 □ **at the same time** 同時に
　□ **concurrently** [kənkə́ːrəntli] 副 同時に

56 □ **gradually** [grǽdʒuəli]
副 徐々に；しだいに

My cold **gradually** became worse over the week.
1週間の間に、私の風邪はどんどん悪くなっていった。

類 □ **by degrees** 徐々に；しだいに

57 □ **especially** [ispéʃəli]
副 特に；とりわけ

Our CFO must be **especially** tired after his long journey abroad.
最高財務責任者は長期の海外出張でとても疲れているに違いない。

類 □ **particularly** [pərtíkjulərli] 副 特に；著しく
　□ **exceptionally** [iksépʃənli] 副 例外的に；非常に

58 □ **unfortunately** [ʌnfɔ́ːrtʃənətli]
副 不幸にも；残念ながら

○ 文頭に置くと、良くないことをこれから相手に伝えることを示唆できる。

Unfortunately, we have selected another candidate to fill the managerial position.
残念ですが、その管理職ポストには他の候補者が選ばれました。

反 □ **fortunately** [fɔ́:rtʃənətli] 副 幸運にも

---

59 □ **otherwise** [ʌ́ðərwàiz]
形 違った；異なった
副 さもなければ；そうしないと；別のやり方で

○ 副詞では、前文とは異なった状況を仮定するときに用いる。Hurry up, **otherwise** we'll be late. (急がないと、遅れるよ)。また、別の方法を提示するときにも使える。I think **otherwise**. (私は別の意見です)

If the financial crisis were **otherwise**, we would have tripled our sales by now.
金融危機がこんなものでなければ、今頃、我々の売り上げは3倍になっていただろう。

---

60 □ **actually** [ǽktʃuəli]
副 実際に；本当に

○ 会話で、相手が予測しないことを切り出すときに文頭に置いてよく使う。

I can't believe we **actually** landed the big account.
私たちが本当にその大口契約を結んだなんて信じられない。

類 □ **really** [rí:əli] 副 確かに；本当に
Notes **land a big account** 大口の取引をする

CD-1 Track 28

---

61 □ **complete** [kəmplí:t]
形 完全な；完結した

I lost all the data so all the work I did was a **complete** waste of time.
データを全部なくしてしまったので、私がやった仕事は完全に時間の無駄となった。

派 □ **completely** [kəmplí:tli] 副 完全に

62 whole [hóul]
形 全体の；すべてを含んだ

The corporation announced that they are developing something that will revolutionize the **whole** tech industry.
その会社は、テクノロジー業界全体に大変革を起こすものを開発中であると発表した。

類 □ **entire** [intáiər] 形 全体の
Notes **revolutionize** 他 〜に大変革を起こす

63 intelligent [intélədʒənt]
形 知性的な；賢明な

The boss relies on us to make clear and **intelligent** decisions on our own.
社長は、私たちが独力で明快かつ賢明な決定を下すことを期待している。

類 □ **bright** [bráit] 形 利発な；利口な
□ **smart** [smáːrt] 形 賢い；利口な

64 manual [mǽnjuəl]
形 手動の；手作業の　名 取扱説明書

Tom's car has a **manual** transmission.
トムの車はマニュアル車だ。

65 mutual [mjúːtʃuəl]
形 相互の；お互いの

○ a **mutual** friend（共通の友人）、**mutual** respect（互いの尊敬の念）

We have a **mutual** agreement to split the profits 50/50.
我々は、利益を折半することで互いの合意を得ている。

類 □ **reciprocal** [risíprəkəl] 形 相互の；返礼の

66 crowded [kráudid]
形 混雑した；満員の

It's difficult to get around in a **crowded** city like this.
こんなに混雑した街中を動き回るのは大変だ。

派 □ **crowd** [kráud] 名 群衆；大衆；観衆

類 □ **congested** [kəndʒéstid]　形 混雑した；密集した

67　□ **domestic** [dəméstik]　形 国内の；自国の；家庭の；(動物が) 人に慣れた

○ 「家庭の」の意味では **domestic** chores（家事）、「人に慣れた」という意味では **domestic** animals（家畜）のように使う。

My flight will leave from the **domestic** departures section of terminal one.
私のフライトは、1番ターミナルの国内線出発セクションから出発する。

類 □ **national** [nǽʃənl]　形 国家の；全国的な
　□ **internal** [intə́ːrnl]　形 国内の；内部の
　□ **household** [háushòuld]　形 家族の；家庭の
　□ **tame** [téim]　形 人に慣れた；従順な

68　□ **exciting** [iksáitiŋ]　形 興奮させる；面白い

○ 動詞 excite は「興奮させる」で、その現在分詞の形容詞。過去分詞の形容詞は excited（[人が] 興奮した）。

We are about to enter into an **exciting** new venture and will announce it shortly.
当社はわくわくするような新規事業に参入しようとしており、まもなく公表します。

類 □ **thrilling** [θríliŋ]　形 わくわくさせる

69　□ **worthy** [wə́ːrði]　形 〜に値する；〜にふさわしい

○ **be worthy of**（〜の価値がある；〜に値する）。名詞で使えば「立派な人」の意。

This is a big endeavor that's **worthy** of your time and attention.
これは、あなたが時間をかけ、傾注するに値する大きな事業だ。

70 ☐ **considerable** [kənsídərəbl]
形 (量・大きさなどが) かなりの；注目に値する

○ a **considerable** firm in computer chips なら「コンピュータ・チップ業界の注目すべき会社」。

There has been a **considerable** change in the world economy so it's anyone's guess how well we will do.
世界経済は大きく変化しているので、私たちはどうやっていけばいいのかだれにも分からない。

類 ☐ **substantial** [səbstǽnʃəl] 形 かなりの；重大な

Notes **anyone's guess** だれにも分からない

CD-1 Track 29

71 ☐ **favorable** [féivərəbl]
形 好ましい；見込みのある

○ **favorable** reviews (好意的な批評)、a **favorable** outlook (明るい見通し)

I hope the election has a **favorable** outcome.
選挙が好ましい結果となることを、私は望んでいる。

72 ☐ **generous** [dʒénərəs]
形 気前の良い；寛大な

○ 「金銭的に気前がいい」という意味と、「親切心がある」という意味のどちらでも使える。

Ms. Day was given a **generous** compensation package for accepting the position.
デイさんはその職に就くにあたり、高額の報酬パッケージを提供された。

類 ☐ **benevolent** [bənévələnt] 形 慈善心のある；情け深い

73 ☐ **grateful** [gréitfəl]
形 感謝して

○ < be grateful to 人 for 〜 > (〜という理由で [人] に感謝する) という形を覚えておきたい。

I'm **grateful** to all my colleagues for helping me write the report.
報告書の作成を手伝ってくれた同僚みんなに感謝します。

類 ☐ **thankful** [θǽŋkfəl] 形 感謝している
☐ **obliged** [əbláidʒid] 形 恩義を感じている

74 alternative
[ɔːltə́ːrnətiv]　形 代わりの；別の　名 取って代わるもの；選択肢

○ **alternative** energy（代替エネルギー）、an **alternative** plan（代替プラン）、an **alternative** route（代替路線）など、使い道は多い。

We have to start thinking of **alternative** ways to use energy in the office.
会社におけるエネルギー使用の代替方法について検討し始めなければならない。

75 innovative
[ínəvèitiv]　形 革新的な

We are always coming out with **innovative** new ways to serve our clients.
私たちは常に、お客様に奉仕するための新しい革新的な方法を打ち出しています。

類 □ **inventive** [invéntiv]　形 創意に富んだ
Notes **come out with**（対策などを）打ち出す

76 qualified
[kwάləfàid]　形 資格のある；資格要件を満たした

○ 動詞 qualify（資格を与える）の過去分詞の形容詞。

We will only contact **qualified** candidates for interviews.
面接の資格要件を満たしている応募者のみに連絡します。

77 valid
[vǽlid]　形 正当な；根拠のある；（法的に）有効な

○ a **valid** contract（法的に有効な契約）

Mr. Cameron could not come up with a **valid** reason why his project failed.
キャメロンさんは、彼のプロジェクトがなぜ失敗したか、根拠のある理由を思いつかなかった。

反 □ **invalid** [invǽlid]　形 無効な
□ **void** [vɔ́id]　形 無効な；空の；何もない
Notes **come up with**　~を考えつく

78 valuable [vǽljuəbl]
形 貴重な；高価な　名（通例、複数）貴重品

○ invaluable は反意語ではなく、valuable をさらに強調した言い方。

Each customer's comments are very **valuable** to us and are not taken lightly.
お客様それぞれのご意見はたいへん貴重であり、重く受け止めます。

類 □ **invaluable** [invǽljuəbl]　形（計れないほど）貴重な
　　□ **priceless** [práislis]　形（値段がつけられないほど）貴重な

79 excellent [éksələnt]
形 優れた；きわめて良い

Ms. Larabee did an **excellent** job during the last sales campaign so we'd like her to be in charge of the next one.
前回の販促キャンペーンではララビーさんはすばらしい仕事をしたので、私たちは彼女に次回の責任者になってもらおうと考えています。

80 competitive [kəmpétətiv]
形 競争の；競合する；競争力のある；他に負けない

○ a **competitive** sport（競技スポーツ）。**competitive** salary なら「（他社に負けない）高額の給与」の意味。

In order to stay **competitive** in this market, we have to continue to release new products.
この市場で競争力を保つためには、我々は新製品を出し続けなければならない。

CD-1 Track 30

81 potential [pəténʃəl]
形 可能性のある；潜在的な

Our newest employee is sharp and ambitious and is a **potential** manager.
私たちの新入社員は頭が切れ、野心があり、マネジャーの有力候補だ。

類 □ **prospective** [prəspéktiv]　形 見込みのある

82 □ **superior** [səpíəriər]
形 優れた；上位の　名 上司

○ **be superior to** で「〜より優れている」。ラテン語系の比較級 (-or) は比較の対象を to で導く。be inferior to (〜より劣っている)、be senior to (〜より年上である)、be prior to (〜より優先する) など。

This machine may be more pricey, but it is far **superior** to any others.
この機械は高価かもしれないが、他の製品よりずっと優れている。

反 □ **inferior** [infíəriər]　形 劣った；下位の

83 □ **up-to-date** [ʌ́p-tə-déit]
形 最新の

Please make sure that our website is **up-to-date** with its listing of all our current items.
当社の最新の商品が全部掲載されるよう、ウェブサイトを確実に更新してください。

84 □ **anxious** [ǽŋkʃəs]
形 心配した (about)；切望した (for / to *do*)

○ 「切望した」という意味もあるので注意。We were **anxious** for the news. (私たちはその知らせを心待ちにしていた)

We were all **anxious** about the results of the election.
私たちはみんな、選挙の結果を心配していた。

類 □ **worried** [wə́:rid]　形 心配した；困っている
　　□ **concerned** [kənsə́:rnd]　形 心配した；関わっている
　　□ **eager** [í:gər]　形 切望した

85 □ **lazy** [léizi]
形 怠惰な

Because of the heat I'm feeling rather **lazy** today.
今日は暑くて、私はやる気が出ない。

類 □ **idle** [áidl]　形 怠惰な；仕事をしていない；使われていない

86 terrible [térəbl]
形 ひどい；恐ろしい

Ms. Jardin has a **terrible** cold so she will stay at home today.
ジャーディンさんはひどい風邪をひいているので、今日は自宅で過ごすでしょう。

類 □ **dreadful** [drédfəl]　形 非常に恐ろしい；ひどい
　 □ **awful** [ɔ́:fəl]　形 恐ろしい；すさまじい

87 strict [stríkt]
形 厳格な；厳密な

○ a **strict** interpretation of the law なら「法律の厳密な解釈」。

The supervisor is very **strict** when it comes to the maintenance of the factory floor.
工場長は、工場現場の保守管理に関してはきわめて厳格だ。

類 □ **stern** [stɔ́:rn]　形 厳格な；厳しい
　 □ **severe** [səvíər]　形 厳格な；過酷な
　 □ **harsh** [há:rʃ]　形 過酷な；無慈悲な
　 □ **exact** [igzǽkt]　形 正確な；精密な
　 □ **precise** [prisáis]　形 正確な；厳密な

88 primary [práimeri]
形 第1の；最初の；主要な

Our **primary** goal is to make sure that each customer is satisfied to the fullest.
我々の最大の目標は、すべてのお客様に十分に満足していただくことです。

類 □ **initial** [iníʃəl]　形 最初の；頭文字による
　 □ **main** [méin]　形 主要な；最も重要な
　 □ **prime** [práim]　形 主要な；最も重要な
反 □ **secondary** [sékəndèri]　形 第2の；派生的な；二次的な
　 Notes **to the fullest**　最大限に；十分に

89 current [kə́:rənt]
形 現在の；進行中の

○ **current** affairs は「時事問題」、**current** assets なら会計用語で「流動資産」。

To survive in this business we must keep up with **current** trends.

この業界で生き残るには、我々は時流に乗らなければならない。

---

90 ☐ **contemporary** 形 同時代の；現代の　名 同時代の人
[kəntémpərèri]

Jan makes her living as a **contemporary** artist.
ジャンは現代美術家として生計を立てている。

Notes **make one's living** 生計を立てる

CD-1 Track 31

91 ☐ **exclusive** 形 排他的な；高級な
[iksklúːsiv]

○ **exclusive** economic zone（排他的経済水域）、an **exclusive** residential district（高級住宅地）

Our CEO is a member of a number of **exclusive** clubs.
弊社のCEOは多くの会員制クラブに所属している。

---

92 ☐ **ideal** 形 理想的な
[aidíːəl]

I still haven't found my **ideal** profession so I will see a career counselor.
私はまだ理想的な職業を見つけていないので、キャリアカウンセラーに相談するつもりだ。

---

93 ☐ **apparently** 副 どうも〜らしい；外見上；明らかに
[əpǽrəntli]

○「どうも〜らしい；外見上」の用法で使われることがほとんど。「明らかに」を表現するときには evidently や clearly、obviously のほうが好まれる。

It is **apparently** not convenient for the client to meet us today.
クライアントにとって、今日我々に会うのは都合が悪いようだ。

類 ☐ **seemingly** [síːmiŋli] 副 一見したところ；うわべは
　 ☐ **evidently** [évədəntli] 副 明らかに

94 certainly
[sə́:rtnli]
副 確かに；(会話の応答で) 分かりました

○ 会話で、「承知しました；分かりました」という同意の意味で **Certainly.** と言う。接客業で顧客に対してよく使う。

We can **certainly** afford to wait a few more days to see the proposal for the big project.
その大規模プロジェクトの提案を拝見するのに、我々はあと数日なら必ずお待ちします。

95 eventually
[ivéntʃuəli]
副 最終的に；結局は

We will **eventually** launch the new product but the timing is not right at the moment.
我々は最終的には新製品を発売するが、今はタイミングが良くない。

96 instead
[instéd]
副 代わりに；それよりむしろ

○ instead を単独で使う場合は、前文を受けて、別の意見・案を提示するときである。

I decided not to invest in the stock market but to put my money in real estate **instead**.
株式市場への投資はやめ、その代わりに不動産へ資金を投入することにした。

97 fairly
[féərli]
副 かなり；公平に

We did **fairly** well the first quarter even though the economy took a downturn.
景気が下降線をたどっている中でも、我々は第1四半期に上々の業績を上げた。

98 nearly
[níərli]
副 ほとんど

I've worked for this firm for **nearly** ten years.
私はこの会社に10年近く勤めている。

99 overnight
[óuvərnáit]
副 一晩で；(郵便が) 翌日着で
形 一晩の；翌日着の

○ stay **overnight**（1泊する）、an **overnight** trip（1泊旅行）

With our rapid service we can ship any item **overnight**.
速配便なら、どのような荷物でも翌日にお届けできます。

| 100 | ☐ **overseas** [òuvərsíːz] | 副 海外へ［で］　形 海外の |

There is an extra charge if sending the item **overseas**.
海外へ荷物を送るときには追加料金がかかります。

類 ☐ **abroad** [əbrɔ́ːd]　副 海外へ［で］

One-Point Advice 2　Part 2 はオフィス会話の基本語で足りる

　Part 2 の応答問題は、単語の面から見ると難しくありません。基本的にはオフィス会話で日常的に使う単語・表現を押さえておけば大丈夫です。courier（宅配便）、paper jam（紙詰まり）、applicant（候補者）、in charge of（～を担当している）、be located in（～に位置している）などが例です。

　また、自然な会話で構成されるので、口語表現に注意しましょう。「レストラン」のことを place と言ったり、「軽く食べること」を bite と言ったりします。「休日」は day off、「出張中」は out of town などで、難しくはありません。

　また、解法としては、質問の文頭に注意して聞くことが大切です。

LEVEL 2

CD-1 Track 32

1 ☐ due [djúː] 形 〜する予定で；期限が来て；正当な

○ 「期限が来て」の意味では The deadline is **due** next Monday.（締め切りは来週の月曜です）、「正当な」の意味では **due** process（《法律》適正な手続き）のように使う。

I'm **due** for my yearly physical examination.
私は年1回の健康診断を受けることになっている。

2 ☐ upcoming [ʌ́pkʌ̀miŋ] 形 やがて来る；次回の

We are very excited about our **upcoming** product launch at the major retail outlets.
私たちは、大手の小売店でもうすぐ自社製品が発売されることにわくわくしています。

3 ☐ consecutive [kənsékjutiv] 形 連続する

○ ビジネスでは、for three **consecutive** quarters（3四半期連続で）のように業績を発表する文脈でよく使う。

We have had negotiation meetings for five **consecutive** days.
我々は5日間連続で交渉の打ち合わせをした。

類 ☐ **successive** [səksésiv] 形 連続する；代々の

4 ☐ serial [síəriəl] 形 連続した

○ a **serial** number は「通し番号；シリアルナンバー」の意。

You have to input the 10-digit **serial** number that's printed on the side of the box to register the software.
箱の側面に印刷されている10桁のシリアルナンバーを入力して、ソフトウェアを登録してください。

5 ☐ competent [kámpətənt] 形 有能な；能力のある

○ 人事・求人の場面でよく使う。She speaks **competent** Chinese.（彼女は流ちょうな中国

語を話す)のように、物を修飾することもできる。

Gino is the most **competent** salesperson on staff.
ジーノは社員の中で一番優秀な販売員だ。

類 ☐ **capable** [kéipəbl] 形 有能な；〜できる
　☐ **proficient** [prəfíʃənt] 形 熟練した
　☐ **adept** [ədépt] 形 熟練した；上手な

6 ☐ **ambitious** [æmbíʃəs] 形 野心のある；意欲的な

Clare is an **ambitious** worker who always has new ideas.
クレアはいつも新しいアイデアを持っている野心的な社員だ。

派 ☐ **ambition** [æmbíʃən] 名 野心；熱意

7 ☐ **lucrative** [lúːkrətiv] 形 もうかる；利益のあがる

a **lucrative** business (もうかるビジネス)、a **lucrative** career (もうかる仕事) など、ビジネスの常用語。

Lou's new position allows him to enjoy a **lucrative** income.
ルーの新しい仕事は、彼に高収入を約束している。

類 ☐ **profitable** [práfitəbl] 形 利益になる

8 ☐ **prosperous** [práspərəs] 形 繁栄している；成功している

We wish you a very **prosperous** new year.
新しい年が実り多いものになることをお祈り申し上げます。

類 ☐ **thriving** [θráiviŋ] 形 繁栄している
　☐ **successful** [səksésfəl] 形 成功している

9. mature [mətjúər]
形 成熟した；熟慮した

○ 人間に使えば「成人した；十分大人の」の意。a **mature** market なら「十分に成長した市場」。**on mature consideration [reflection]** は「熟慮して」の意のイディオム。

Are any of the new recruits **mature** enough to handle the tasks at hand?
目の前にあるこの仕事をこなすのに経験十分な新入社員はいるだろうか。

反 □ **immature** [ìmətʃúər] 形 未熟な；未完成の
Notes **at hand** 目の前にある；間近に迫った

10. elderly [éldərli]
形 年配の 名 年配の人

○ old は直接的なので、公の場では丁寧な響きがある elderly を使う。

I'm sorry but this seat is reserved for **elderly** passengers.
申し訳ありませんが、この席はご高齢のお客様用です。

類 □ **aged** [éidʒid] 形 年をとった；古くなった

CD-1 Track 33

11. decent [díːsnt]
形 礼儀にかなった；きちんとした

Mr. Roberts is an upstanding man who comes from a **decent** family.
ロバーツさんは立派な人物で、しかるべき家の出身だ。

Notes **upstanding** 形 立派な

12. tidy [táidi]
形 きちんとした；整然とした

○ neat and **tidy** と組み合わせて使うこともある。

Please remember to keep the employee break room **tidy** at all times.
社員休憩室はいつでもきれいに使用するよう心がけてください。

類 □ **neat** [níːt] 形 きちんとした；こぎれいな
□ **orderly** [ɔ́ːrdərli] 形 整頓された；整然とした

| 13 | ☐ **rude** [rúːd] | 形 不作法な；野暮な |

○ polite（礼儀正しい）の反意語。

The passenger complained to the airline about the flight attendant's **rude** behavior.
客室乗務員の失礼な態度について、乗客は航空会社にクレームをつけた。

| 14 | ☐ **aware** [əwéər] | 形 気づいて；承知して（of） |

○ be **aware** of（〜に気づいて；〜を承知して）の形でよく使われる。

We weren't **aware** of the bad weather and didn't dress accordingly.
私たちは天気が悪いことを知らなかったので、天候に合った服装をしなかった。

類 ☐ **mindful** [máindfəl] 形 心を配って（of）

| 15 | ☐ **conscious** [kάnʃəs] | 形 意識［自覚］している；意識のある |

○ aware よりも細心に意識するというニュアンス。be conscious of（〜を意識して）の形もよく使われる。なお、名詞形は consciousness（意識）であり、conscience は「良心；誠実さ」である。

We need to make a **conscious** effort to please the customer at all times.
お客様を常に喜ばせるためには、意識的な努力をしなくてはならない。

| 16 | ☐ **keen** [kíːn] | 形 鋭い；熱心な |

○ **be keen to** *do*（do することに熱心である）。名詞を続けるときは on 〜とする。「鋭い」の意味では a **keen** cutting edge（鋭い刃先）のように使う。

Robert is **keen** to take on the new account.
ロバートは新規顧客を獲得することに熱心だ。

類 ☐ **acute** [əkjúːt] 形 鋭い；鋭敏な；（病気が）急性の
 ☐ **enthusiastic** [inθùːziǽstik] 形 熱心な；熱狂的な

| 17 | ☐ **industrious** [indʌ́striəs] | 形 勤勉な |

○ 「工業の；産業の」の意味の形容詞は industrial なので注意。名詞 industry には「工業；産業」と「勤勉」の両方の意味がある。

Ken is well-known around here for being an **industrious** worker.
ケンは働き者だとして、このあたりでは有名だ。

| 18 | ☐ **dedicated** [dédikèitid] | 形 献身的な；ひたむきな |

○ **be dedicated to** で「〜に専心している」という意味。dedicated は社員の仕事ぶりを表現するのによく使う形容詞である。

Our staff is **dedicated** to providing the best service to our customers.
従業員はお客様に最高のサービスを提供するようにがんばっています。

類 ☐ **committed** [kəmítid] 形 献身的な
☐ **devoted** [divóutid] 形 献身的な；専心した

| 19 | ☐ **unanimous** [ju:nǽnəməs] | 形 全会一致の |

The measure was passed by a **unanimous** vote.
法案は全会一致で可決された。

| 20 | ☐ **deliberate** [dilíbərət] | 形 慎重な；よく考えた；意図的な |

○ **deliberate** neglect（意図的な見過ごし）

It was a **deliberate** decision to form a merger but a good one in the long run.
合併をすることは熟慮した上での決断だったが、長期的に正しい決断だった。

類 ☐ **cautious** [kɔ́:ʃəs] 形 用心深い；慎重な
☐ **intentional** [inténʃənl] 形 意識的な；意図的な

CD-1 Track 34

| 21 | ☐ **voluntary** [váləntèri] | 形 自発的な；志願の；無償の |

All interns should know that this summer position is a **voluntary**

one.
この夏の仕事は無償であることを、実習生はみんな知っておくべきだ。

---

22 ☐ **lively** [láivli]　形 活発な；陽気な

We had a very **lively** conversation about the topic over dinner.
食事の間、私たちはその話題について大いに盛り上がりながら話し合った。

---

23 ☐ **boring** [bɔ́ːriŋ]　形 退屈な；うんざりさせる

○ 動詞 bore（うんざりさせる）の現在分詞の形容詞。bored なら「（人が）退屈した；うんざりした」。

There is no work on my desk so it will be a **boring** day.
片付けるべき仕事がないので、退屈な一日になるだろう。

---

24 ☐ **exhausted** [igzɔ́ːstid]　形 疲れ切った；疲弊した

○ 動詞 exhaust は「疲れさせる」で、この過去分詞の形容詞。現在分詞の形容詞は exhausting（［仕事などが］疲れさせる）。

I had a 14-hour flight so I am **exhausted**.
私は14時間のフライトでくたくただ。

類 ☐ **weary** [wíəri]　形 疲れ切った；うんざりしている
☐ **fatigued** [fətíːgd]　形 疲れた

---

25 ☐ **nervous** [nə́ːrvəs]　形 神経質な；臆病な；心配でたまらない

○ 「神経の」が原意だが、「いらいらしやすい」「心配になりやすい」「ひどく緊張して」などの意味で使う。スピーチの前に緊張している状態なども nervous がぴったりである。

Lee was **nervous** about her presentation to the client but it went smoothly.
リーはクライアントへのプレゼンで緊張していたが、それは順調に終わった。

26 embarrassed [imbǽrəst]
形 困惑した；恥ずかしい

○ 動詞 embarrass は「困惑させる」で、現在分詞の embarrassing は「困惑させるような」、過去分詞の embarrassed は「（人が）困惑した」となる。日本語の「恥ずかしい」に当てはまることが多い。ashamed は自分や他人の言動を反省・非難するのに用いる強い意味の語である。

Charles was too **embarrassed** about his mistake to continue with his presentation.
チャールズは自分のミスに困惑しすぎて、発表を続けられなかった。

27 reluctant [rilʌ́ktənt]
形 気が進まない；不本意な

○ **be reluctant to** *do* で「do する気が起きない」の意。

At the moment the CFO is **reluctant** to be optimistic about our earnings.
今のところ最高財務責任者は当社の収益について楽観的になりきれない。

類 □ **unwilling** [ʌ̀nwíliŋ]　形 気が進まない

28 modest [mάdist]
形 謙虚な；控えめな；質素な

○ a **modest** house（質素な家）

Even though Sue is a wealthy CEO she is very **modest**.
スーは裕福な CEO だが、とても慎み深い。

類 □ **humble** [hʌ́mbl]　形 謙遜した；慎みのある；質素な

29 plain [pléin]
形 分かりやすい；平易な；質素な

○ a **plain** dress（質素なドレス）。なお、名詞で使うと「平地」の意味。

Please try to use **plain** language when giving a presentation to a client.
お客様に説明するときには、分かりやすい言葉を使うようにしてください。

30 informative [infɔ́ːrmətiv]
形 （情報が）有益な；情報を提供する

○ ビジネスでは、情報や講演などが「有益な；助けになる」という意味でよく使う。

I found the literature on your product to be very **informative**.
御社の製品の資料はとても参考になると思いました。

Notes **literature** 名 資料；パンフレット

---

31 ☐ **impressive** [imprésiv] 形 印象的な；感銘を与える

○ 過去分詞の impressed（感銘を受けた）とともに、impress およびその派生語はビジネスでは褒め言葉としてよく使われる。

The candidate we chose for the position had the most **impressive** qualifications.
私たちがそのポストに選んだ候補者は、最も優れた資質を備えていた。

派 ☐ **impression** [impréʃən] 名 印象；感銘

---

32 ☐ **distinguished** [distíŋgwiʃt] 形 抜群の；傑出した

○ 動詞 distinguish は「目立たせる」の意味があり、その過去分詞で「目立たせられた」→「傑出した」という意味。

He is a **distinguished** scientist who is a well-known expert in his field.
彼は専門の分野では名の知られた傑出した科学者だ。

---

33 ☐ **remarkable** [rimáːrkəbl] 形 注目に値する；すばらしい

The economy made a **remarkable** recovery over the last year.
昨年、経済は目覚しい復活を遂げた。

---

34 ☐ **outstanding** [àutstǽndiŋ] 形 目立った；傑出した；未払いの

○ outstanding には unpaid（未払いの）の意味もあり、**outstanding** debts なら「未払いの債務」。

My stock portfolio had an **outstanding** performance this year.
私の株式のポートフォリオは、今年きわめて良好な実績を残した。

類 ☐ **conspicuous** [kənspíkjuəs] 形 目につきやすい；人目につく
　 ☐ **overdue** [òuvərdjúː] 形 未払いの；予定の日時を過ぎた

35. precious [préʃəs]
形 貴重な；尊い

It's important to remember not to waste any of our **precious** resources.
私たちの貴重な資源を浪費しないよう心がけることが大切だ。

36. splendid [spléndid]
形 輝かしい；華麗な

It was a **splendid** day; perfect weather for eating lunch outdoors.
すばらしい一日で、外でランチを食べるにはうってつけの天気だった。

類 □ **magnificent** [mægnífəsnt] 形 壮大な；華麗な
　 □ **spectacular** [spektækjulər] 形 見事な；豪華な

37. precise [prisáis]
形 正確な；ぴったりとした

○ **to be precise** は「正確に言うと」の意のイディオム。

Jeff can get the work done in a **precise** manner so it saves us time.
ジェフは仕事を正確にこなすことができるので、時間の節約になる。

38. extensive [iksténsiv]
形 広範な；大規模な

The storm caused **extensive** damage to the buildings in the town.
暴風雨は町中の建物に甚大な被害をもたらした。

39. intensive [inténsiv]
形 集中的な；激しい

The new recruits underwent five weeks of **intensive** training before starting the position.
新入社員たちは仕事を始める前に、5週間の集中トレーニングを受けた。

Notes **undergo** 他 受ける；経験する　○ undergo-underwent-undergone

40. comprehensive [kàmprihénsiv]
形 包括的な；総合的な；理解力のある

This insurance policy offers **comprehensive** coverage.

この保険契約は包括的な補償を提供します。

Notes **coverage** 名 補償（範囲）

---

41 ☐ **overall** [óuvərɔ̀:l]　形 全部の；全般的な　副 全体に；概して

We'd like your **overall** opinion of our services.
私どものサービスについて全般的なご意見を伺えますか。

42 ☐ **partial** [pá:rʃəl]　形 部分的な；不完全な；偏った

○ part（部分）の形容詞形。「部分的な」→「偏った」の意味でも使える。I'm **partial** to wine.（私はワインに目がない）

We will be able to make a **partial** payment of the debt next week.
来週、我々は負債の一部を返済できる予定です。

43 ☐ **complicated** [kámpləkèitid]　形 複雑な；理解しにくい

The operation took nine hours because it was a **complicated** procedure.
複雑な手順のため、作業は9時間かかった。

類 ☐ **complex** [kəmpléks | kámpleks]　形 複雑な；面倒な
　　☐ **intricate** [íntrikət]　形 入り組んだ；錯綜した

44 ☐ **incredible** [inkrédəbl]　形 信じられない；すばらしい

○ ポジティブ・ネガティブ両様の「信じられない」で使える。ポジティブな面で使えば「すばらしい」となる。

Our sales for the last quarter have been **incredible**.
当社の前四半期の売り上げはすばらしいものだった。

類 ☐ **unbelievable** [ʌ̀nbilí:vəbl]　形 信じられない

| 45 | ☐ **fantastic** [fæntǽstik] | 形 すばらしい；空想的な；不合理な |

We had a **fantastic** reception when we visited our affiliates.
私たちは関連会社を訪問したとき、たいへんな歓待を受けた。

類 ☐ **marvelous** [máːrvələs] 形 驚くべき；すばらしい
☐ **terrific** [tərífik] 形 すばらしい；非常に良い
☐ **superb** [supə́ːrb] 形 すばらしくりっぱな；超一流の

| 46 | ☐ **dramatic** [drəmǽtik] | 形 劇的な；飛躍的な |

After the manager made his **dramatic** speech, everyone listening broke out in applause.
その経営者が感動的なスピーチを行った後、聞いていた誰もが一斉に拍手喝采した。

| 47 | ☐ **inevitable** [inévətəbl] | 形 避けられない |

Due to the bad economy, lay-offs at the company were **inevitable**.
不況なので、その会社の解雇はやむをえなかった。

類 ☐ **unavoidable** [ʌ̀nəvɔ́idəbl] 形 避けられない

| 48 | ☐ **huge** [hjúːdʒ] | 形 巨大な；莫大な |

The new collaboration between the corporations will make a **huge** impact on the industry.
その企業間の新たな提携は、業界に多大な影響を与えるだろう。

類 ☐ **enormous** [inɔ́ːrməs] 形 巨大な；莫大な
☐ **vast** [vǽst] 形 広大な；膨大な
☐ **immense** [iméns] 形 非常に大きな
☐ **massive** [mǽsiv] 形 大きくて重い；大柄な

| 49 | ☐ **calm** [káːm] | 形 冷静な；穏やかな；静かな |

○ 人の心や態度が「冷静な」と、天候や場所などが「静かな；穏やかな」のどちらにも使える。

After the big earthquake, Alex asked everyone in the office to remain **calm**.
大地震の後、アレックスは会社にいる全員にあわてないように求めた。

- 類 □ **serene** [səríːn]　形 静かな；平穏な
- □ **tranquil** [trǽŋkwil]　形 平穏な；落ち着いた

---

50 □ **permanent** [pə́ːrmənənt]　形 永続する；永久の；常勤［任］の

○ 「永続する」の意味では a **permanent** neutral state（永世中立国）が例だが、ビジネスでは「常勤の」の意味でよく使う。a **permanent** job（正社員の仕事）

Jake decided to make Larry a **permanent** partner in his law firm.
ジェイクはラリーを法律事務所の常任の共同経営者にすることにした。

- 類 □ **eternal** [itə́ːrnl]　形 永遠の；絶え間ない
- □ **perpetual** [pərpétʃuəl]　形 永遠の；絶え間ない
- □ **long-term** [lɔ́ːŋ-tə̀rm]　形 長期間の
- 反 □ **temporary** [témpərèri]　形 一時の；臨時の

---

51 □ **typical** [típikəl]　形 典型的な

○ type（型；典型）の形容詞形。

Mr. Helman dresses very casually and is not a **typical** businessperson.
ヘルマンさんはとてもカジュアルな服装をしていて、典型的な会社員ではない。

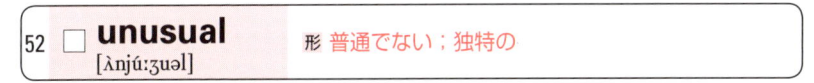

---

52 □ **unusual** [ʌnjúːʒuəl]　形 普通でない；独特の

We have had a lot of **unusual** weather this month that is not seasonal.
今月は季節にそぐわない、おかしな天気の日が多い。

53 adjacent [ədʒéisnt]
形 隣接した（to）

adjacent to（〜に隣接した）の形で覚えておきたい。adjacent rooms（隣の部屋）のように、限定用法でも使える。

There is a parking lot **adjacent** to the building.
建物の隣に駐車場があります。

類 □ **neighboring** [néibəriŋ] 形 近所の；隣接した
□ **next to** 〜の隣に

54 vacant [véikənt]
形 空の；空いている；欠員がある

a **vacant** house（空き家）、a **vacant** stare（ぼんやりした目つき）

We will contact you if we have a **vacant** position within the company.
社内に欠員のポストがあれば、ご連絡いたします。

反 □ **occupied** [ákjupàid] 形 空いていない；占有された

55 rural [rúərəl]
形 田舎の；地方の

To cut costs, we will move our operations to a **rural** area.
コスト削減のため、わが社は業務を地方に移します。

反 □ **urban** [ə́:rbən] 形 都会の

56 remote [rimóut]
形 遠く離れた；（可能性などが）ごくわずかの

a **remote** possibility なら「ごくわずかの可能性」。

Josh will spend his vacation on a **remote** island in the South Pacific.
ジョシュは南太平洋の離島で休暇を過ごす予定だ。

57 severe [səvíər]
形 厳格な；（手）厳しい；（天気などが）ひどい；深刻な；重大な

severe criticism（手厳しい批評）、**severe** damage（深刻な損害）

The weather is too **severe** to go out so I suggest you stay indoors.

外出するには天気がひどすぎるので、家にいたほうがいいでしょう。

58 ☐ conventional [kənvénʃənl]　形 伝統的な；陳腐な

○ 時に「陳腐な；型にはまった」というネガティブなニュアンスが入ることがある。

That CEO does not use **conventional** methods for running a business.
そのCEOは会社運営に従来型の方法を用いない。

類 ☐ **orthodox** [ɔ́ːrθədɑ̀ks]　形 正当な；ありきたりの
　☐ **conservative** [kənsə́ːrvətiv]　形 保守的な；穏健な

59 ☐ extra [ékstrə]　形 余分な；割り増しの

We guarantee that there are no **extra** hidden fees when you subscribe to our service.
当社サービスのお申し込みに際して、隠された追加料金がないことを保証します。

類 ☐ **additional** [ədíʃənl]　形 追加の；付加的な

60 ☐ obvious [ɑ́bviəs]　形 明らかな

It was **obvious** that Helena did not get any sleep during her flight back today.
今日の帰りのフライトでヘレナがまったく眠れなかったことは明らかだった。

類 ☐ **evident** [évədənt]　形 明らかな；明白な

CD-1 Track 38

61 ☐ premier [primjíər | príːmiər]　形 第1位の；最初の　名 内閣総理大臣

○「地位・順番・重要性などで第1位の」という意味。

We met with the **premier** architect in charge of the building project.
私たちは、その建設プロジェクトを担当する主任建築家と面会した。

62 rare
[réər] 形 まれな；希有な

Today we will be able to catch a **rare** glimpse of the eclipse.
今日、日食を見る貴重な機会があるだろう。

類 □ **scarce** [skéərs] 形 乏しい；まれな

63 consequently
[kánsəkwèntli] 副 結果的に；最終的に

Employees who show up late for more than a week will **consequently** be fired.
1週間以上遅刻した社員は最終的に解雇されるだろう。

64 afterwards
[ǽftərwərdz] 副 後で；その後

○ beforehand（あらかじめ）と対で覚えておくと、会話やメールで重宝する。

We will attend the seminar, and then there will be a welcome party in the banquet room **afterwards**.
私たちはセミナーに出席し、その後、宴会場で歓迎パーティーがあります。

類 □ **later** [léitər] 副 その後；後ほど
□ **subsequently** [sʌ́bsikwəntli] 副 その後に；(~に) 続いて
反 □ **beforehand** [bifɔ́ːrhænd] 副 事前に；あらかじめ

65 absolutely
[æ̀bsəlúːtli | ‐‐‐‐] 副 絶対に；(会話で) もちろん

○ 会話で yes を強調する意味で使うことがある。

Please do not pull the emergency handle unless it is **absolutely** necessary.
絶対に必要な場合以外は、緊急ハンドルを引かないでください。

66 definitely
[défənitli] 副 確かに；明確に；もちろん；その通り

○ certainly や without doubt が類語で、確実性を強調するときに使う。Certainly! と同様に、会話で強く同意するときに **Definitely!** と言う。

I caught the flu so I will **definitely** take some time off this week.

インフルエンザにかかったので、今週はきっと休むことになるでしょう。

67 □ extremely [ikstríːmli] 副 きわめて；極度に

We are **extremely** grateful to you for all your help in this matter.
この件でのご助力すべてに、私たちは本当に深く感謝しております。

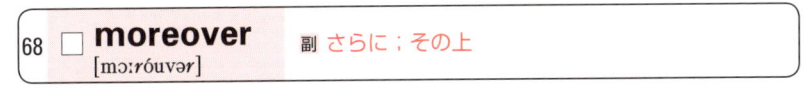

68 □ moreover [mɔːróuvər] 副 さらに；その上

○ 前文を受けて、情報を付加するときに使う副詞。furthermore や besides、in addition が類語。

Our product is more popular than our competitors', **moreover**, it's much more affordable.
当社の製品はライバル社のものより人気がある上、価格もずっと安い。

69 □ furthermore [fə́ːrðərmɔ̀ːr] 副 さらに；その上

We are not interested in that project and **furthermore**, we don't have the budget for it.
我々はそのプロジェクトに関心がありませんし、その上、その予算もありません。

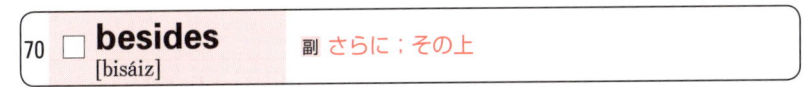

70 □ besides [bisáiz] 副 さらに；その上

Janet works very long hours and **besides**, she loves her work.
ジャネットは長時間働くうえ、仕事を愛している。

CD-1 Track 39

71 □ literally [lítərəli] 副 文字通り

○ **take it literally** は「(相手の話などを) 文字通り受け取る」という表現で、真意を理解しないという含意がある。

John was so tired that he was **literally** sleeping at his desk.
ジョンはとても疲れていたので、文字通り机で寝ていた。

72. merely
[míərli] 副 ただ〜にすぎない

Bess was **merely** trying to make a point and didn't expect so many questions from the seminar attendees.
ベスははっきり主張しようとしただけで、セミナーの出席者からこれほど多くの質問を受けるとは思っていなかった。

Notes **make a point** 言い分を主張する

73. slightly
[sláitli] 副 わずかに

The boss was **slightly** annoyed about his flight delay.
社長は、飛行機が遅れて少しいらいらしていた。

74. relatively
[rélətivli] 副 比較的に；相対的に；いくぶん

We are looking to get the job done at a **relatively** low cost.
我々は、ある程度低いコストでその仕事をしたいと考えている。

類 **comparatively** [kəmpǽrətivli] 副 比較的に；いくぶん

75. roughly
[ráfli] 副 おおよそ；大ざっぱに

We had **roughly** the same annual profits as the last fiscal year.
わが社は昨年度とほぼ同額の年間利益を上げた。

76. tentatively
[téntətivli] 副 仮に

○ スケジュールを仮押さえしたり、物事を仮決定したりするときに使う。

The next meeting is **tentatively** scheduled for Friday, the 18th.
次回の会議の日程は、18日の金曜日に仮決定されている。

77. thoroughly
[θə́:rouli] 副 完全に；徹底的に

Please answer all the questions on the questionnaire **thoroughly** and to the best of your knowledge.

アンケートの質問すべてに、分かる範囲で完全にお答えください。

78 ☐ ambiguous [æmbígjuəs] 形 あいまいな；多義の

The client gave us an **ambiguous** answer about signing the document.
その文書への署名について、クライアントは私たちにあいまいな返事をした。

79 ☐ vague [véig] 形 あいまいな；漠然とした

We could not understand what the item was used for due to its **vague** description.
説明があいまいなため、私たちはその製品の使用目的が理解できなかった。

80 ☐ sustainable [səstéinəbl] 形 持続できる

○ 環境関連の文脈でよく使われ、カタカナ語化している。**sustainable** development（持続可能な開発）、a **sustainable** city（持続可能な都市）

We are looking into every way possible to survive on **sustainable** energy.
我々は、持続可能なエネルギーで生きていくために可能なあらゆる方法を探っている。

CD-1 Track 40

81 ☐ crucial [krúːʃəl] 形 きわめて重要な

○ 物事の成否を決するような局面でよく使う。a **crucial** stage（重大な段階）

It's **crucial** that we keep the strict deadline so that we don't lose the client.
お客様を失わないためには、納期を厳格に守ることがきわめて重要だ。

類 ☐ **critical** [krítikəl] 形 重大な；危機の

82 ☐ fundamental [fʌndəméntl] 形 基本の；基礎となる 名 基本；原理

The **fundamental** core of our business is computer peripherals.
当社の事業の中核はコンピュータの周辺機器です。

基本形容詞・副詞 LEVEL 2

| 83 | ☐ **vital** [váitl] | 形 きわめて重要な；活気のある |

○「活気のある」の意味では、Our boss is young and **vital**.(私たちの上司は若くて元気いっぱいだ)のように使う。

Our department's research is **vital** to the advancement of the medical community.
我々の部署の研究は、医学界の進歩のためにきわめて重要です。

| 84 | ☐ **diverse** [divə́ːrs] | 形 多様な |

That nation is known for its **diverse** culture and traditions.
その国は多様な文化と伝統で知られている。

派 ☐ **diversity** [divə́ːrsəti] 名 多様性
類 ☐ **various** [véəriəs] 形 さまざまな
　　☐ **diversified** [divə́ːrsəfàid] 形 多様な；多角的な

| 85 | ☐ **substantial** [səbstǽnʃəl] | 形 かなりの；たくさんの；実体がある；実質的な |

○ ビジネスでは「数量・価値などが大きい」という意味でよく使う。「実体がある；実質的な」の意味では、a **substantial** world（現実の世界）が例。

Ms. Thomas was given a **substantial** raise after landing the big account.
トーマスさんは大口の契約をまとめ、給料が大幅に上がった。

類 ☐ **sizable** [sáizəbl] 形 かなり大きな
　　☐ **considerable** [kənsídərəbl] 形 かなりの；相当な

| 86 | ☐ **authentic** [ɔːθéntik] | 形 本物の；信頼のおける |

○ an **authentic** 7th century Buddha（本物の7世紀の仏像）のように、限定用法でも使える。

The expert carefully looked at the art piece to determine if it was **authentic** or not.
本物かどうかを判断するため、専門家はその美術品を慎重に鑑定した。

類 ☐ **genuine** [dʒénjuin] 形 本物の；純血（種）の

- **bona fide** [bóunə fáid]　形 真実の；善意の
- **reliable** [riláiəbl]　形 信頼できる
- **trustworthy** [trʌ́stwə̀ːrði]　形 信頼できる

87 eligible [élidʒəbl]　形 適格な；ふさわしい　名 適格者

○ **be eligible for** で「〜の資格がある」で、動詞を続ける場合には **be eligible to** *do* とする。限定用法でも使える。the most **eligible** bachelor（一番結婚するにふさわしい独身男性）

You must be a resident of this country to be **eligible** for the prize.
その賞を受けるには、この国の居住者でなければなりません。

88 complimentary [kàmpləméntəri]　形 無料の；称賛の；お世辞を言う

○ **complimentary** remarks で「好意的な意見」。つづりの似た語に complementary（補足的な）があるので注意。

With each purchase of a meal, you can receive a **complimentary** beverage.
お食事1回につき、飲み物を無料でサービスいたします。

派 **compliment** [kámpləmənt]　名 称賛；（通例、複数）感謝の言葉

89 mandatory [mǽndətɔ̀ːri]　形 義務的な；強制的な

It's **mandatory** to wear a seatbelt at all times when driving a car.
車を運転するときは、常にシートベルトを装着しなければならない。

類 **compulsory** [kəmpʌ́lsəri]　形 義務的な；必須の
　 imperative [impérətiv]　形 必須の；急を要する

90 cordial [kɔ́ːrdʒəl]　形 誠心誠意の；心からの

Thank you for your **cordial** invitation to your event.
御社のイベントに心のこもったご招待をいただき、ありがとうございます。

91. **durable** [djúərəbl]
形 耐久性のある；丈夫な

I got a flat tire even though I recently bought the most **durable** ones on the market.
つい最近、販売されている中で一番丈夫なタイヤを買ったのに、パンクしてしまった。

類 **sturdy** [stə́ːrdi] 形 丈夫な；（精神が）不屈の

92. **equivalent** [ikwívələnt]
形 同等の　名 同等のもの

○ **equivalent to** で「〜と同等の」。

The company was ordered to pay an **equivalent** sum of money to the plaintiff's losses.
その会社は原告の損害と同等の金額を支払うよう命じられた。

類 **identical** [aidéntikəl] 形 同一の；一致した

Notes **plaintiff** 名 原告

93. **redundant** [ridʌ́ndənt]
形 冗長な；重複する；（人が）余剰な

○「（人が）余剰な」は主にイギリスでの用法。

I don't want to sound **redundant**, but we aren't making any progress here.
回りくどい言い方はしたくないのですが、私たちはここまでまったく進歩がありません。

94. **hostile** [hástl]
形 敵対する；敵意のある

The company was acquired in a **hostile** takeover bid.
その会社は敵対的な株式公開買い付けで買収された。

類 **adverse** [ædvə́ːrs | -́ -] 形 敵意を持つ；反対の；不利な

Notes **takeover bid** 株式公開買い付け

95. **intermediate** [ìntərmíːdiət]
形 中間の；中級の

○ the **intermediate** stage of the construction（建設の中間段階）

That candidate has **intermediate** German language skills.
その候補者は中級のドイツ語力がある。

関 □ **elementary** [èləméntəri] 形 初級の
□ **advanced** [ædvǽnst] 形 上級の

> 96 □ **misleading** [mislí:diŋ] 形 人を惑わす；誤解の恐れのある

The customer asked for his money back because he thought the advertising was **misleading**.
広告が詐欺的だと思ったので、その客は払い戻しを求めた。

類 □ **confusing** [kənfjú:ziŋ] 形 混乱させる

> 97 □ **prestigious** [prestídʒəs] 形 名声のある；一流の

Mr. Price attended a very **prestigious** university and is well-respected around here.
プライスさんは超名門大学を出ていて、地元で尊敬を受けている。

類 □ **distinguished** [distíŋgwiʃt] 形 顕著な；有名な
□ **eminent** [émənənt] 形 著名な；傑出した

> 98 □ **high-profile** [hái-próufail] 形 目立った；注目を引く

● low-profile は「目立たない；低姿勢の」の意。

We don't want to offend our **high-profile** clients so we must be very careful about what we say.
大物クライアントの機嫌を損ねたくないので、私たちは発言には十分に注意しなければならない。

類 □ **prominent** [prámənənt] 形 著名な；目立った
□ **well-known** [wél-nóun] 形 よく知られた；周知の
□ **renowned** [rináund] 形 名高い
□ **notable** [nóutəbl] 形 注目に値する；卓越した

| 99 | **state-of-the-art** [stéit-əv-ði-á:rt] | 形 最先端の；技術が最高の |

- 「製品の開発の最先端で、最新のアイデアや機能を備える」という意味で、宣伝文句によく使われる。

This appliance has **state-of-the-art** functions and a streamlined design.
この電気器具は、最先端の機能と無駄のないデザインを備えている。

類 □ **advanced** [ædvænst] 形 先進の

| 100 | **cutting-edge** [kʌ́tiŋ-édʒ] | 形 最先端の |

- 名詞の cutting edge は「刃先」のことで、「（刃先が）鋭い」→「先端的な」と比喩的に用いられる。

We stay alive in the industry by producing **cutting-edge** products.
当社は最先端の製品を作ることで、業界で活路を見出している。

第3章
基本名詞

CD-1 Track 42 〜 CD-1 Track 61

LEVEL 1 114
LEVEL 2 135

LEVEL 1

CD-1 Track 42

1 ☐ operation [àpəréiʃən] 　名 経営；運営；操作；手術；軍事作戦

○ 多義語で、ビジネスでは「経営；運営」と「操作」の意味でよく使う。動詞は operate。

Our factory has a modern style of **operation**.
我々の工場では現代的な運営が行われている。

2 ☐ notice [nóutis] 　名 通知；告知；掲示　他 気がつく；〜が分かる

The restaurant posted a **notice** of its relocation in the newspaper.
そのレストランは、新聞に移転の告知を掲載した。

3 ☐ policy [páləsi] 　名 方針；政策

Company **policy** states that employees are not allowed to be in the office after 10 p.m.
会社の方針として、午後10時以降、社員がオフィスに残ることは認められていない。

4 ☐ practice [præktis] 　名 業務；訓練；慣例；事務所　自 練習する　他 習慣的に行う

○ **practice** of medicine（医療活動）、our team's final **practice**（我々のチームの最後の練習）、local business **practice**（現地の商慣習）

There are five lawyers in our **practice**.
当事務所には5人の弁護士がいます。

5 ☐ atmosphere [ǽtməsfiər] 　名 雰囲気；空気；大気

We are trying different ways to improve the **atmosphere** of the office.
私たちは会社の雰囲気をよくする方法をいろいろ試しているところです。

類 ☐ **ambience** [ǽmbiəns] 　名 雰囲気

6 ☐ **circumstance** [sə́ːrkəmstæns]   名 状況；境遇

We might change our course, depending on the **circumstance**.
我々は状況によって進路を変えるかもしれない。

類 ☐ **situation** [sìtʃuéiʃən]   名 状況

7 ☐ **value** [vǽljuː]   名 価値；価格   他 評価する；尊重する

At our discount store, you get more **value** for your money.
私どものディスカウントストアでは、お支払い額以上の価値を手にできます。

8 ☐ **benefit** [bénəfit]   名 利益；恩恵；給付金

○ 金銭的なものばかりでなく、オフィス環境や休日の多さなども benefits に入る。

The company provides its employees with many **benefits**.
会社は従業員に多くの恩恵を与えている。

派 ☐ **beneficial** [bènəfíʃəl]   形 有益な
類 ☐ **reward** [riwɔ́ːrd]   名 報酬；報い

9 ☐ **result** [rizʌ́lt]   名 結果；結末；成果   自 (結果として) 起こる (in)

Ms. Dowd will report on the **results** of the poll later today.
ダウドさんは今日遅くに投票結果について報告するでしょう。

Notes **poll**   名 投票；世論調査

10 ☐ **proposal** [prəpóuzəl]   名 提案；申し込み；(結婚の) プロポーズ

Ms. Greene will present the draft of the **proposal** to the boss today.
今日、グリーンさんが提案の草案を上司に提出します。

派 ☐ **propose** [prəpóuz]   他 提案する   自 プロポーズする

基本名詞 LEVEL 1

115

11 □ **condition** [kəndíʃən]
名 条件；状態

○ terms and **conditions** という連語で「条件」を表すことがよくある。

If the **conditions** of the contract are satisfactory, please sign it by this afternoon.
契約条件が満足のいくものであるなら、今日の午後までに署名をお願いします。

12 □ **account** [əkáunt]
名 顧客；（銀行などの）口座；説明；会計

○ 多義語なので要注意。意外に知られていないが、ビジネスでは「顧客」の意味でも使う。savings **account**（普通預金口座）、a detailed **account**（詳しい説明）、keep **accounts**（会計記録をつける）

Charles was awarded the new **account**.
チャールズは新しい顧客を任された。

派 □ **accountability** [əkàuntəbíləti] 名 説明責任
　□ **accountant** [əkáuntənt] 名 会計士

13 □ **appointment** [əpɔ́intmənt]
名 約束；予約；（職位への）任命

I have an **appointment** to see Mr. Dubois at 3:00 p.m. today.
今日の午後3時にデュボワさんと会う約束があります。

14 □ **agreement** [əgríːmənt]
名 合意；同意；契約（書）

○ contract と同じ「契約（書）」の意味でも使う。

The two parties finally reached an **agreement** on the deal.
最終的に両者は取引についての合意に至った。

15 □ **effort** [éfərt]
名 努力

○ make effort(s) で「努力する」で、make effort(s) to *do*（do するよう努力する）という形をよく使う。

We make every **effort** to make your stay at our hotel as comfortable as possible.

お客様が当ホテルで少しでも快適に過ごせるよう努力を惜しみません。

類 □ **endeavor** [indévər]　名 努力；試み

16 □ **attempt** [ətémpt]　名 試み　他自 試みる

This is my third **attempt** to get a hold of the client.
クライアントに連絡を取ろうとするのは、これが3回目です。

Notes **get a hold of** ～と連絡を取る；～をつかまえる

17 □ **contribution** [kàntrəbjú:ʃən]　名 貢献；寄付　自他 貢献する；寄付する

Our CEO is always honored for his **contributions** to society.
弊社のCEOは、社会への貢献がいつも高く評価されている。

18 □ **trust** [trʌ́st]　名 信頼；信用　他 信頼する；信用する

You can put your **trust** in us to deliver your goods with the utmost care.
最大限の注意を払ってお荷物を配送いたしますので、私たちを信頼してください。

19 □ **figure** [fígjər]　名 数字；図表；形態；外観；人物

● 多義語で、動詞としても「数字で表す」「図で表す」「思い描く」などの意味がある。**figure out**（～を理解する；～を算定する）は重要な動詞句。

Could you give me the **figures** on this month's sales?
今月の売り上げの数字をもらえますか。

派 □ **figurative** [fígjurətiv]　形 比喩的な

20 □ **amount** [əmáunt]　名 量；(金) 額　自 達する (to)

●「量」の意味では quantity や volume が、「(金) 額」の意味では sum などが類語。

The total **amount** due is written at the bottom of the invoice.
未払い金額の合計は請求書の最後に記載されています。

基本名詞　LEVEL 1

CD-1 Track 44

21 quantity
[kwántəti]
名 数量；(通例、複数) 大量・多数

○ 数 (number) と量 (amount) の両方に使える。a large **quantity** of food (大量の食料)

The **quantity** of the items is listed in the right hand column of the invoice.
品目の数は請求書の右側の欄に記載されています。

関 □ **quality** [kwáləti]　名 (品) 質；良質

22 decade
[dékeid]
名 10年間

○ TOEIC では、問題文と選択肢の間で 10 years が a decade と書き換えられていることがあるので注意。

Housing prices have fluctuated over the **decade**.
住宅の価格は10年の間に不規則に変動した。

Notes **fluctuate**　自 不規則に変動する

23 occasion
[əkéiʒən]
名 (特別な) 行事；好機；チャンス

○ 「好機」の意味では、I wish the **occasion** would arise. (そんな好機が来るといいのだが)。

We were told to dress formally for the **occasion**.
私たちは、その行事には正装するようにと言われた。

関 □ **on occasion** (= occasionally)　ときどき

24 opportunity
[àpərtjú:nəti]
名 好機；チャンス

○ **take every opportunity to** do で「do するあらゆるチャンスをとらえる」の意。

We would like to give you an **opportunity** to try our service for 30 days.
当社のサービスを30日間お試しいただくチャンスをぜひご利用ください。

25 progress
[prágres]
名 進歩；進展　自 進歩する；進展する

The supervisor will drop by the site today to check our **progress** on the building.
今日、監督が現場に立ち寄り、建設の進行状況を確認する予定だ。

類 □ **advance** [ædvæns]　名 進歩；進行

---

26 □ **survey**　名 調査；査定；概観　他 調査する；見渡す
[sə́ːrvei]

Ms. Lynn will give a presentation on the results of the **survey** this afternoon at 2:00.
今日の午後2時にリンさんが調査結果についての発表を行う。

---

27 □ **focus**　名 焦点　自 他 焦点を合わせる (on)
[fóukəs]

○ 名詞の場合も焦点を合わせる対象は on で導く。our **focus** on the customer services（顧客サービスへの我々の傾注）。**focus** group と言えば、「市場調査のために（商品などについて）議論してもらう消費者の小グループ」。

Our primary **focus** should be our target market.
我々の第一の焦点は、目標とする市場であるべきだ。

---

28 □ **challenge**　名 難題；課題；挑戦
[tʃǽlindʒ]

If you are up to the **challenge**, I'd like you to take on the Fortrain account.
難題に立ち向かう気持ちがあるなら、君にフォートレイン社を担当してもらいたい。

---

29 □ **fun**　名 楽しみ；面白いこと
[fʌ́n]

○ **make fun of** は「～を笑いものにする」の意のイディオム。**in fun** は「おどけて；面白半分に」。

What do you do for **fun** on the weekends?
週末は何をして楽しんでいますか。

派 □ **funny** [fʌ́ni]　形 おかしな；奇妙な
類 □ **enjoyment** [indʒɔ́imənt]　名 喜び；楽しみ

基本名詞 LEVEL 1

30 ☐ **pleasure** [pléʒər]   名 喜び；楽しみ

It was a **pleasure** to finally meet the superintendent.
嬉しかったのは、ようやく責任者に会えたことでした。

Notes **superintendent** 名 管理者；支配人

CD-1 Track 45

31 ☐ **treat** [tríːt]   名 ごちそう；もてなし；喜び
他 扱う；もてなす；おごる

○ a birthday **treat**（誕生日のお祝い）

It is a real **treat** to travel to many different places on business.
仕事でいろいろなところに旅することは、このうえない楽しみだ。

32 ☐ **wish** [wíʃ]   名 願い；祈り　他 願う

○ **wish list** は「欲しいもの（買いたいもの）のリスト；(相手側に) 要求する項目のリスト」。

It has always been my **wish** to be an entrepreneur.
企業家になることがいつも私の願望だった。

33 ☐ **experience** [ikspíəriəns]   名 経験；体験　他 経験する

All candidates must have at least ten years **experience** in the field.
候補者は全員、この分野で最低10年の経験が必要です。

34 ☐ **experiment** [ikspérəmənt]   名 実験

Our unusual campaign was an **experiment** designed to increase sales.
当社の独自のキャンペーンは、売上増を狙った実験でした。

35 ☐ **means** [míːnz]   名 方法；手段

○ **by means of** で「〜を（手段として）用いて」。**by no means**（決して〜ではない）も重要イディオム。

We need to get our products into the hands of the customers by any

means necessary.
必要なあらゆる方法を使って、お客様に我が社の製品を手に取ってもらわなければならない。

類 ☐ **measures** [méʒərz]　名（通例、複数）手段；方策

36 ☐ **method** [méθəd]　名 方法；手法；方式

There are many processing **methods** involved in creating our goods.
当社の商品の製作過程には多くの加工方式が使われている。

37 ☐ **character** [kǽriktər]　名 性格；人格

We only hire receptionists that have a pleasant **character**.
弊社では受付には明るい性格の人しか採用しません。

派 ☐ **characteristic** [kæ̀riktərístik]　形 特有の；独特の　名（複数）特性

38 ☐ **situation** [sìtʃuéiʃən]　名 状況；状態

We cannot make a move in the market until the **situation** improves.
状況が改善しない限り、我々は市場で行動を起こすことはできない。

Notes　**make a move**　行動を起こす

39 ☐ **matter** [mǽtər]　名 問題；事柄　自 重要である

⊙ 自動詞としては、It doesn't **matter** how late you come.（遅くなってもかまいません）のように使う。

The CEO will issue a formal statement on the **matter** shortly.
まもなくCEOがその問題について公式の声明を発表するだろう。

40 ☐ **function** [fʌ́ŋkʃən]　名 機能；働き　自 機能する

This machine has many different useful **functions**.
この機械は便利な機能をたくさん備えている。

基本名詞　LEVEL 1

CD-1 Track 46

41. standard [stǽndərd]
名 標準；基準

○ an industry **standard**（業界標準）、living **standard**（生活水準）

Please follow the **standard** when filing a report.
報告書を提出するときは、基準に従ってください。

類 □ **guideline** [ɡáidlàin]　名 指針；ガイドライン
　□ **criterion** [kraitíəriən]　名 基準；標準
　□ **benchmark** [béntʃmàːrk]　名 標準；指標

42. complaint [kəmpléint]
名 苦情；クレーム；不平

○ 日本語の「クレーム」に当たるのは complaint である。英語の claim は「要求；主張」の意味。

If a customer has a **complaint**, please send him or her to the customer service center.
お客様が苦情をお持ちの場合は、お客様サービスセンターにご案内してください。

派 □ **complain** [kəmpléin]　自 不平を言う；クレームをつける

43. decline [dikláin]
名 減少；低下　自 減少する；低下する　他 断る

There was a sharp **decline** in retail sales after the holidays.
休暇シーズンの後、小売部門の売上高が激減した。

44. deadline [dédlàin]
名 締め切り；期限；納期

○ time limit、finishing date が類語。仕事の納期や提出物の締め切りに、ビジネスでは多用する。

The **deadline** for submission is next Monday.
提出の期限は来週の月曜日です。

45. delay [diléi]
名 遅れ；遅延　他 遅らせる

We are sorry for the **delay** but the flight should take off shortly.

遅れが出ましたことをお詫び申し上げます。当機はまもなく離陸いたします。

46 ☐ **fault** [fɔ́ːlt] 名 過失；責任

○ **at fault** で「過失があって」、**to a fault** は「度が過ぎて」の意。

The judge ruled that neither party was at **fault**.
裁判官はどちらの側にも過失はないと判断した。

類 ☐ **shortcomings** [ʃɔ́ːrtkʌ̀miŋz] 名（通例、複数）欠点；短所
　☐ **flaw** [flɔ́ː] 名 欠陥；不具合
　☐ **defect** [díːfekt | difékt] 名 欠陥；短所；不具合

47 ☐ **solution** [səlúːʃən] 名 解決（策）；《化学》溶液

The government is trying hard to find a **solution** to the banking crisis.
政府は金融危機の解決策を必死に模索している。

派 ☐ **solve** [sálv] 他 解く；解説する

48 ☐ **influence** [ínfluəns] 名 影響 他 影響を与える

The president's announcement had no **influence** on the market.
大統領の発表は市場に何の影響も与えなかった。

49 ☐ **tradition** [trədíʃən] 名 伝統；習わし

It is the **tradition** in that company to have a meeting before making any decisions.
その会社では、決定を下す前に会議を開くことが伝統になっている。

50 ☐ **judgment** [dʒʌ́dʒmənt] 名 判断；意見

○ **against one's better judgment** で「不本意ながら」の意。

Mr. Lawson resigned his position against his better **judgment**.
ローソンさんは不本意だったがその職を辞した。

基本名詞 LEVEL 1

| 51 | ☐ **mind** [máind] | 名 心；注意；集中　他 ～を嫌がる |

○「心」の意味では、心の知的な側面を指す。intelligence や brain が意味の近い語。

We need to pay more **mind** to the demands of the consumer.
我々は、消費者の要求にもっと注意を払う必要がある。

派 ☐ **mindful** [máindfəl]　形 注意深い；心にかける（of）

| 52 | ☐ **rest** [rést] | 名 休み；休暇；残り
自 休む；～のままである |

○ **take a rest** で「休む」。「残り」の意味では、the **rest** of my life（私の余生）。

The general manager told Mr. Thomas to take a few days **rest** after his illness.
部長はトーマスさんに、病気の後、数日間は休みを取るようにと言った。

| 53 | ☐ **room** [rú:m] | 名 余地；可能性 |

○ 具体的な意味では「スペース」「部屋」だが、抽象的な意味で「可能性」を表す。

There is plenty of **room** for growth in this sector.
この分野には成長の可能性が十分にある。

| 54 | ☐ **rumor** [rú:mər] | 名 うわさ |

○ **Rumor has it that** ～は「～といううわさだ」という言い回し。

Rumor has it that the media conglomerate has a buyout offer on the table.
メディアの複合企業が買収を検討中といううわさだ。

類 ☐ **gossip** [gásəp]　名 うわさ話；ゴシップ
　　Notes **on the table**　（[議案などが] 検討中で）

| 55 | ☐ **respect** [rispékt] | 名 尊敬；敬意　他 尊敬する；尊重する |

The large successful corporation has been held in **respect** for over 10 years.

その大手優良企業は10年以上にわたり敬意を払われてきた。

類 □ **esteem** [istíːm] 名 尊重；尊敬
□ **regard** [rigάːrd] 名 敬意；考慮

56 □ **view**
[vjúː]
名 眺め；意見；視界

Our office is located on the 59th floor so we have a spectacular **view** of the city.
オフィスは59階にあるので、市のすばらしい眺めを楽しむことができます。

57 □ **trend**
[trénd]
名 傾向；トレンド

We're anxiously waiting to see whether or not our product will become the latest **trend**.
当社の製品が最新の流行となるかどうかを見るのを、我々は心待ちにしている。

類 □ **tendency** [téndənsi] 名 傾向；性向
□ **fashion** [fǽʃən] 名 流行；ファッション

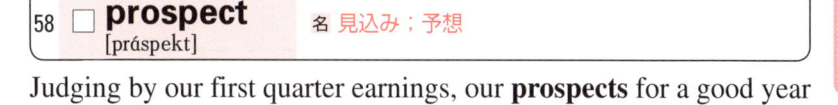

58 □ **prospect**
[prάspekt]
名 見込み；予想

Judging by our first quarter earnings, our **prospects** for a good year are excellent.
第1四半期の収益から判断すると、実り多い年になるという我々の見通しは正しい。

派 □ **prospective** [prəspéktiv] 派 見込みのある

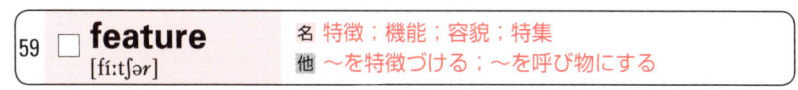

59 □ **feature**
[fíːtʃər]
名 特徴；機能；容貌；特集
他 〜を特徴づける；〜を呼び物にする

○ 雑誌などの「特集」という意味もある。

There are many high-tech **features** in our new gadget.
当社の新しい機器には先端的な機能が数多く搭載されています。

60 supply [səplái]
名 供給；(通例、複数)補給品　他 供給する

○「需要と供給」は **supply** and demand で英語では順番が逆になる。

We need a fresh **supply** of paper for the copy machine.
コピー機に新しい用紙が必要です。

反 □ **demand** [dimǽnd]　名 需要

CD-1 Track 48

61 advantage [ædvǽntidʒ]
名 有利な点；強み

We have an **advantage** over our competitors because we have the most efficient staff.
当社には最強のスタッフが揃っているので、ライバル社より有利です。

62 risk [rísk]
名 危険；リスク　他 危険にさらす

○ **at one's own risk**（自分の責任で）

This hand tool is dangerous so please use it at your own **risk**.
この手工具は危険なので、各自の責任で使ってください。

63 content [kántent]
名 (通例、複数)内容(物)；コンテンツ

○ 本の「目次」も contents と言う。また、content には「満足した」「満足」という意味もあるので注意。

Please list the **contents** of the shipment on the invoice.
出荷内容の明細を請求書に記載してください。

64 item [áitəm]
名 品物；品目；項目

The clerk restocked the **items** on the shelf.
店員はその品物を棚に補充した。

65 purpose [pə́ːrpəs]
名 目的

○「行動の理由」を表し、「行動の目標」(objective) ではないので、注意。

What is the **purpose** of your visit to the United States?
アメリカに来た目的は何ですか。

| 66 | ☐ **role** [róul] | 名 役割；任務 |

The **role** of each team leader is to motivate and encourage the members of the team.
各チームのリーダーの役割は、チームのメンバーを鼓舞し、やる気にさせることだ。

| 67 | ☐ **strength** [stréŋkθ] | 名 強さ；力 |

Whether or not we get a good price for our property depends on the **strength** of the economy.
我々が保有する不動産に高い値段がつくかどうかは、経済の強さにかかっている。

| 68 | ☐ **theme** [θíːm] | 名 主題；テーマ |

The marketing department will come up with a **theme** for the campaign.
販売促進部がキャンペーンのテーマを考え出すでしょう。

| 69 | ☐ **aim** [éim] | 名 目標；ねらい |

The **aim** of the start-up is to create more software products for designers.
その新興企業の目標は、デザイナー向けのソフトウェア製品をさらに開発することだ。

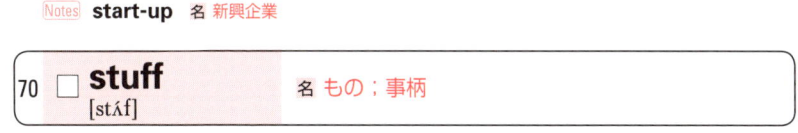

Notes **start-up** 名 新興企業

| 70 | ☐ **stuff** [stʌ́f] | 名 もの；事柄 |

○ さまざまなもの・事を、明示せずに漠然と言うときに使う表現。

There is a lot of **stuff** to do to prepare for our downtown relocation.
ダウンタウンへの移転準備のため、しなければならないことがたくさんある。

| 71 | **cooperation** [kouɑ̀pəréiʃən] | 名 協力 |

We would appreciate your **cooperation** in this matter.
この件におけるご協力に感謝いたします。

- 派 **cooperate** [kouɑ́pərèit] 自 協力する
- 類 **collaboration** [kəlæ̀bəréiʃən] 名 協業

| 72 | **coordination** [kouɔ̀ːrdənéiʃən] | 名 調整；協調（性） |

It takes a lot of **coordination** and skill to work on this factory floor.
この工場で働くには十分な協調性と技能が必要とされます。

- 派 **coordinate** [kouɔ́ːrdənət] 他 調整する

| 73 | **fear** [fíər] | 名 恐れ；不安 |

○ **for fear of / that** は「〜を恐れて；〜を避けようとして」というイディオム。

Mr. Roberts had a lot of **fear** about his new position.
ロバーツさんは新しい職務に不安がいっぱいだった。

| 74 | **generation** [dʒènəréiʃən] | 名 世代；産出；生成 |

○ electricity **generation**（発電）

The new **generation** of workers is not very productive.
新世代の労働者は生産性があまり高くない。

| 75 | **issue** [íʃuː] | 名 問題；関心事；（雑誌などの）号
他 発行する；発令する |

○ the **latest** issue of *Newsweek*（ニューズウィークの最新号）

There's no way of getting around the **issue** so we need to address it at once.
その問題を回避することはできないのだから、我々はただちに対処しなければならない。

Notes **get around** 〜を回避する

76 neglect [niglékt]
名 無視；不注意；怠慢　他 無視する；放置する

This warranty does not cover damage incurred by **neglect** from the user.
この保証は使用者の不注意によって生じた損害には適用されません。

派 □ **negligence** [néglidʒəns]　名 怠慢；不注意

77 damage [dǽmidʒ]
名 損害；被害　他 損害を与える

The storm caused **damage** to many homes and other buildings.
暴風雨で多くの家や建物が被害にあった。

78 permission [pərmíʃən]
名 許可（証）

You must have **permission** to enter the building after hours.
営業時間後にビルに入るには許可が必要です。

79 admission [ædmíʃən]
名 入場・入会（許可）；入場料

○ 単独で「入場料；入会金」の意味で使える。

How much is the **admission** to tonight's performance?
今夜の公演の入場料はいくらですか。

80 welfare [wélfèər]
名 福祉；幸福

James is always very concerned about the **welfare** of others.
ジェイムズはいつも他人の幸福に心を砕いている。

類 □ **well-being**　名 福利；幸福
　　□ **social security**　社会保障

81 associate
[əsóuʃièit] 名 同僚；仲間；共同経営者　他 結びつける

○「同僚」の意味では colleague が、「共同経営者」の意味では partner が同意語。

Please call my **associate** with any questions while I'm away.
私が出張中の間は、同僚の者に電話で何なりとお尋ねください。

82 relationship
[riléiʃənʃip] 名 関係

We have an excellent **relationship** with our subsidiary.
我々は子会社とはきわめて良好な関係にある。

83 acquaintance
[əkwéintəns] 名 知人；知り合い

○ friend（友人）ほど親密でない関係の人を指す。

Les is an **acquaintance** of mine.
レスは私の知人です。

84 hospitality
[hàspətǽləti] 名 親切なもてなし；歓待

That hotel was rated number one in **hospitality**.
そのホテルはもてなしの分野で1位にランクされた。

85 patronage
[péitrənidʒ] 名 愛顧；後援；支援

○ ビジネスでは、いつも利用していただく「愛顧」の意味で用いる。Thank you for your **patronage**.（ご愛顧に感謝いたします）は常套句。

Your continued **patronage** is very important to us.
変わらないお引き立てをいただき、まことにありがとうございます。

派 □ **patron** [péitrən] 名（財政的）支援者；常連客

86 company
[kʌ́mpəni] 名 仲間；付き合い；同席の人

○ company は「会社」の意味でおなじみだが、「仲間；付き合い」という being with another or others の意味があるので注意。**keep company** は「付き合う」という意味。

Ms. Jackson asked her friend to keep her **company** while she was in the hospital.
ジャクソンさんは友人に入院中も仲良くしてくれるように頼んだ。

87 □ **emotion** [imóuʃən]　名 感情

○ feeling は喜怒哀楽の感情を表す一般語で、emotion は強い感情を表し、人の表情・行動などに現れる。sentiment は知的な要素が強く、考え・思考に基づく。business **sentiments**（景況感）のように使う。

David tried not to show any **emotion** when the boss told him he would be promoted.
上司から昇進を告げられたとき、デイビッドはつとめて感情を表に出さないようにした。

類 □ **feeling** [fíːliŋ]　名 感情；感じ；感想
　　□ **sentiment** [séntəmənt]　名 感情；所感

88 □ **gratitude** [grǽtətjùːd]　名 感謝の気持ち

○ show [express] one's gratitude（感謝の気持ちを示す）と、動詞と一緒に覚えておきたい。

Mr. Schwartz showed his **gratitude** to the client by giving her a small gift.
シュワルツさんはささやかな贈り物をしてクライアントへの感謝の気持ちを表した。

89 □ **honor** [ánər]　名 名誉；敬意；表彰

It would be an **honor** to host the retirement ceremony.
退職セレモニーの幹事をさせていただければ光栄です。

90 □ **courage** [kə́ːridʒ]　名 勇気；度胸

Our top salesperson always has the **courage** to go after big clients.
我が社のトップ販売員には大口の顧客を開拓する度胸がある。

類 □ **bravery** [bréivəri]　名 勇気；雄々しさ

91 duty
[djúːti] 名 業務；義務；税金

○「業務」を指す言葉は他に、task、assignment、responsibility などがある。

The most important **duty** of any salesclerk is to take care of the customer.
どの店員にとっても一番重要な仕事は、お客様への応対だ。

92 obligation
[àbləgéiʃən] 名 義務；恩義

○ 倫理的または法的に拘束されている状態を指す。**under obligation to** *do*（〜する義務がある）

You are under no **obligation** to purchase the item during the trial.
お試し期間中は、その商品を購入する義務はありません。

派 □ **oblige** [əbláidʒ] 他 義務づける；恩恵を施す

93 passion
[pǽʃən] 名 情熱

○ 語源は「イエス・キリストの受難」。「受難に伴う激情」→「情熱」と意味が転化した。今でも the Passion とすれば「イエスの受難」を表す。

I became a museum curator because I have a **passion** for art.
私は芸術への情熱があるので、美術館の学芸員になった。

派 □ **passionate** [pǽʃənət] 形 情熱的な

94 strategy
[strǽtədʒi] 名 戦略

○ strategy は全体的な作戦計画を、tactic(s)（戦術）は個別の行動計画を指し、対比して使う。

The marketing department came up with a new **strategy** for promoting our latest line.
最新製品ラインの販売促進のために、マーケティング部は新しい戦略を考え出した。

関 □ **tactic** [tǽktik] 名 戦術

95 objective
[əbdʒéktiv]
名 目標　形 目標の；客観的な

○ sales **objectives**（売上目標）など、仕事の目標という意味でよく使う。goal や target が類義語。purpose は「目的；理由」の意で、objective とは置き換えられない。

You should define your **objectives** clearly.
あなたは目標を明確に設定すべきだ。

96 commitment
[kəmítmənt]
名 約束；献身；専念

○ **make a commitment**（約束する；専心する）

We ask all job candidates to make a **commitment** to our company for two years.
就職希望者全員に、2年間は当社のために働く約束をお願いします。

派 □ **commit** [kəmít]　他 委ねる；引き渡す；(犯罪などを) 犯す

97 institution
[ìnstətjúːʃən]
名 組織；団体

○ 公的機関や、教育、宗教、社会福祉などの目的をもって設立された団体を主に指す。

None of the employees at our **institution** are required to work overtime.
当団体の従業員には残業は求められない。

派 □ **institute** [ínstətjùːt]　他 設ける；制定する

98 organization
[ɔ̀ːrɡənizéiʃən]
名 組織；団体

○ 会社や組合などを含む組織・団体を広く指す。a research **organization**（研究機関）、**organization** chart（組織図）

Every employee within our **organization** has been with us for over five years.
当組織の従業員は全員が少なくとも5年は在籍しています。

派 □ **organize** [ɔ́ːrɡənàiz]　他 組織する；構成する

基本名詞 LEVEL 1

99 procedure
[prəsíːdʒər]
名 手順；手続き

For your safety, please follow the proper **procedures** for operating the equipment.
安全確保のため、装置を動かす正しい手順に従ってください。

100 instruction
[instrʌ́kʃən]
名 (通例、複数) 指示；取扱説明書

Please follow the **instructions** as written on the package.
パッケージに記載された使用説明に従ってください。

派 □ **instruct** [instrʌ́kt] 他 指示する；教育する

One-Point Advice 3　Part 3・4 で求められるのは基本語の運用力

　Part 3 と Part 4 は純粋なリスニングテストではありません。確実に得点するには、音声が流れる前に、設問にさっと目を通しておくことが必須です。選択肢は比較的短めなので、こちらもできるかぎり見ておくことをお勧めします。

　Part 3 と Part 4 の語彙レベルはそれほど高くありません。「会議の設定」「文書の作成」「プロジェクトの進行状況」「オフィスの移転」などビジネス・オフィスシーンの問題もありますが、「チケットの手配」「予約の変更」「交通情報」「駅や空港のアナウンス」「ツアーの紹介」など、ビジネス周辺の話題も数多く出ます。高度な語彙力よりも基本語の運用力（聞き取り力）が求められます。

LEVEL 2

CD-1 Track 52

1 □ outlook [áutlùk]　名 見通し；展望；見解

The **outlook** on the corporation's performance in the market is very bright.
市場におけるその企業の業績見通しはきわめて明るい。

類 □ **prospect** [práspekt]　名 展望；見込み
　□ **point of view**　見解；観点

2 □ venture [véntʃər]　名（冒険的な）事業；ベンチャー
　　　　　他 思い切って～する

Our latest **venture** is our biggest deal yet and will establish our company as a leader.
当社の最新の事業はこれまでで最大規模のもので、当社は業界トップの地位を確立するだろう。

3 □ mission [míʃən]　名 任務；使命

○ **mission** statement（使命宣誓書）は、会社の目的や行動指針を要約した公式の書面。

Please update the company's **mission** statement on the website.
ウェブサイトに載っている会社の使命宣誓書を更新してください。

4 □ gain [géin]　名 利益；増加；進歩　他 獲得する；儲ける

○ a price **gain** of 5 percent（5パーセントの値上がり）

Our company received a big **gain** from the rebound of the stock market.
株式市場が値を戻したため、我が社は大きな利益を上げた。

5 ☐ **invention** [invénʃən] 名 発明（品）；創案

Be sure to get a patent on any new **invention**.
どのような新しい発明にも必ず特許を取りなさい。

派 ☐ **invent** [invént] 他 発明する

6 ☐ **commission** [kəmíʃən] 名 手数料；歩合給；委託；委任

○「手数料；歩合給」の意味でよく使うが、カタカナでもコミッションは定着している。

Each salesperson at our company receives a generous **commission** on sales.
弊社の販売員はだれもが、売り上げに応じて十分な歩合給を受け取っている。

7 ☐ **incentive** [inséntiv] 名 刺激；動機；インセンティブ

○ ビジネスでは、「社員の仕事を活性化する方策」として、ボーナスや歩合給、ストックオプションなど金銭的なものを指すことが多い。

We are planning to give the employees a bigger bonus as an **incentive**.
当社は、業務奨励策として、社員にさらに高額のボーナスを支給する計画です。

類 ☐ **motivation** [mòutəvéiʃən] 名 動機づけ；誘因
☐ **stimulus** [stímjuləs] 名 刺激；励み
☐ **spur** [spə́ːr] 名 拍車；鼓舞

8 ☐ **outcome** [áutkʌm] 名 結果；成果

The volunteers all waited patiently for the **outcome** of the election.
ボランティア全員が選挙の結果を辛抱強く待った。

類 ☐ **result** [rizʌ́lt] 名 結果；成果
☐ **consequence** [kánsəkwèns] 名 結果；結論

9 ☐ **input** [ínpùt] 名 意見・アイデア（の提供）

○ データの「インプット」でおなじみだが、ビジネスでは提供される「意見；アイデア」の意

味でもよく使う。

I would like each staff member's **input** regarding our latest proposal.
我々の最新の提案について、スタッフそれぞれの意見を聞きたいと思います。

---

10 ☐ **feedback** [fíːdbæk]　名 反応；意見

○ ビジネスでは、製品・企画などに対する「反応；意見」という意味でよく使う。

We welcome **feedback** from all our customers.
すべてのお客様からのご意見を歓迎します。

CD-1 Track 53

---

11 ☐ **addition** [ədíʃən]　名 付加；加わった人［物］

○ チームなどに新たに加わった人のことも addition と言う。

This is George Takeda, and he is the newest **addition** to our department.
こちらはジョージ・タケダさんです。私たちの部に新しく配属されました。

---

12 ☐ **reference** [réfərəns]　名 推薦者；言及；参照；出典

○ books of **reference**（参考図書）

You must list at least three **references** on your employment application.
求人応募書類には最低3人の推薦者を記載してください。

派 ☐ **refer** [rifə́ːr]　他 照会させる；参照させる　自 言及する・参照する（to）

---

13 ☐ **representative** [rèprizéntətiv]　名 代理人；代表者；販売員；担当者；（語頭を大文字で）（米）下院議員

○ salesperson と同じ意味でも使う。sales **representative**（販売員）と言うことも。customer service **representative** なら「顧客サービス担当者」のこと。

Please contact our **representative** if you have any concerns.
ご不明な点がありましたら、当社の販売員までご連絡ください。

派 ☐ **represent** [rèprizént]　他 代理をする；代表する；象徴する

基本名詞 LEVEL 2

137

14 ☐ **form** [fɔ́ːrm]
名 書式；形；種類

○ アンケートなどの、形式が決まっていてそこに記入するスタイルの用紙を form と呼ぶ。「種類」という意味では、kind や sort と同様に使える。

Please fill out the **form** and submit it this afternoon.
その用紙に記入して、今日の午後に提出してください。

15 ☐ **privilege** [prívəlidʒ]
名 特権；名誉

○ diplomatic **privilege**（外交特権）

It is our **privilege** to serve you with the utmost care and attention.
細心の配慮と心遣いでお客様に奉仕できることを光栄に思います。

16 ☐ **priority** [praiɔ́ːrəti]
名 優先度；優先順位

Customer satisfaction is our number one **priority**.
顧客満足が我が社の最優先事項だ。

17 ☐ **option** [ápʃən]
名 選択；選択権；選択肢

We have a ten-day **option** to back out of the deal if we change our minds.
我々は、考えが変わった場合、10日の間なら契約を取り消すことができる。

派 ☐ **optional** [ápʃənl] 形 選択の；任意の
Notes **back out of** 〜から手を引く；〜を取り消す

18 ☐ **reform** [rifɔ́ːrm]
名 改革；(弊害などの) 一掃　他 改革する

The banking system in our country is seriously in need of **reform**.
我が国の銀行制度は改革が必須である。

19 □ **emergency** [imə́:rdʒənsi]
名 非常時；緊急事態

○ in case of **emergency** で「非常時には」の意。**emergency** exit は「非常口」。

In case of **emergency**, please break the glass.
非常時にはガラスを割ってください。

20 □ **warning** [wɔ́:rniŋ]
名 警告；警報；前兆

○ without **warning** は「前触れもなく；突然」の意。「警告」の意味では、fire **warning**（火災警報）、タバコのパッケージに表示される health **warning**（健康被害警告）など。

The storm suddenly hit without **warning** and damaged numerous buildings.
暴風雨は前触れもなく突然襲来し、多数の建物に被害を与えた。

派 □ **warn** [wɔ́:rn] 他 警告する
類 □ **alert** [əlɔ́:rt] 名 警報；警戒態勢 他 警報を出す；警戒態勢をとらせる
　 □ **caution** [kɔ́:ʃən] 名 用心；警戒 他 警告する

CD-1 Track 54

21 □ **impact** [ímpækt]
名 影響；反響；衝撃

We need to consider what kind of **impact** our building will have on the environment.
当社の建物が環境にどんな影響を与えるかを考えなければならない。

22 □ **surface** [sə́:rfis]
名 表面；外見

We need to apply a special solution on the **surface** of the vehicle to remove the paint.
私たちは、塗料をはがすために、車の表面に特殊な溶液を塗る必要がある。

派 □ **superficial** [sù:pərfíʃəl] 形 表面の；外見上の；皮相的な

23 ☐ **reflection** [riflékʃən]
名 反映；反射；熟考

○ 風景や人が映った水面や鏡の上の「反映」が、Part 1の写真問題に出る。「熟考」の意味では、She had a lot of time for **reflection**.（彼女は時間をかけて熟考した）のように使う。

The building is covered in glass so you can see a **reflection** of the city on its sides.
ビルはガラスで覆われているので、側面には町の反映が見える。

派 ☐ **reflect** [riflékt] 他 像を映す；反射する 他 自 熟考する

24 ☐ **review** [rivjúː]
名 評価；検査；批評；報告
他 再検討する；復習する；批評する

○ book **reviews**（書評）、the end-of-year **review**（年末の報告）

For the first three months in this firm, our performance is under **review**.
この会社での最初の3カ月間について、私たちの業績が評価されているところだ。

類 ☐ **evaluation** [ivæljuéiʃən] 名 評価；見積もり

25 ☐ **minority** [mainɔ́ːrəti]
名 少数派

Highly skilled workers are the **minority** in this industry.
この業界には高度な熟練労働者は少数しかいない。

反 ☐ **majority** [mədʒɔ́ːrəti] 名 多数派

26 ☐ **region** [ríːdʒən]
名 地方；地域

○ 何を基準とするかで範囲は変わる。国が基準なら東北地方は region だが、世界が基準なら東アジアも region となる。

You can only view this streaming video depending on the **region** you reside in.
お住まいの地域によっては、この動画のみを見ることができます。

派 ☐ **regional** [ríːdʒənl] 形 地方の；地域の
類 ☐ **province** [prάvins] 名 地方；（中国の）省；（カナダの）州
　 ☐ **district** [dístrikt] 名 地区

27 landscape [lǽndskèip]
名 風景（画）；眺望　他 造園する

The painter depicts beautiful **landscapes** in his work.
その画家は美しい風景を作品に描く。

類 □ **scenery** [síːnəri] 名 風景

28 landmark [lǽndmàːrk]
名 目印；歴史建造物；画期的な出来事

○ 例文の「歴史建造物」のほか、道案内などの「目印」の意味でも使う。「画期的な出来事」の意味では、The ruling was a **landmark** in pollution control.（その判決は公害規制において画期的なものだった）のように使う。

There are several **landmarks** in the city that are near our office.
我が社の近くには市の歴史建造物がいくつかあります。

29 place [pléis]
名 （食事をする）場所；店

○ 口語で restaurant や café など飲食店の意味で place をよく使う。

Let's try that new French **place** for lunch today.
今日の昼食はその新しいフランス料理店に行ってみましょう。

30 appetite [ǽpətàit]
名 食欲；欲求

○ 「食欲」だけでなく、精神的な「欲求」も表す。**appetite** for learning（学習意欲）

I have an **appetite** for Chinese food tonight.
今晩は中華料理を食べたい気分です。

類 □ **craving** [kréiviŋ] 名 切望；熱望

CD-1 Track 55

31 fortune [fɔ́ːrtʃən]
名 運；幸運；財産

○ 「財産」という意味では、He made his **fortune** in publishing.（彼は出版事業で財をなした）のように使う。

We can't rely on **fortune** and must work hard to achieve our goals.
運に頼ることはできないので、目標達成のためにがんばらなくてはならない。

反 □ **misfortune** [misfɔ́ːrtʃən] 形 不運；逆境

基本名詞 LEVEL 2

32 ☐ **fate** [féit]
名 運命；結果；悲運

Our success relies on the **fate** of the industry.
われわれの成功は業界の行方しだいだ。

派 ☐ **fatality** [feitǽləti] 名 災害；死亡者数
類 ☐ **destiny** [déstəni] 名 運命；さだめ

33 ☐ **analysis** [ənǽləsis]
名 分析

After conducting an **analysis**, we decided to proceed with the plan.
分析を行った結果、私たちは計画の続行を決定した。

派 ☐ **analyze** [ǽnəlàiz] 他 分析する

34 ☐ **concern** [kənsə́ːrn]
名 懸念；不安；関心
他 心配させる；関係する

We are here to address any **concerns** you might have about the safety of our service.
当社のサービスの安全性についてお客様が感じている懸念に私どもがお答えいたします。

35 ☐ **aspect** [ǽspekt]
名 外観；側面；状況

We need to know every **aspect** of this kind of business.
我々は、この種のビジネスのあらゆる側面を知る必要がある。

36 ☐ **element** [éləmənt]
名 要素

Every **element** of the design must be functional.
デザインのあらゆる要素は機能的でなければならない。

類 ☐ **portion** [pɔ́ːrʃən] 名 部分；一部；分け前

37 ☐ **factor** [fǽktər]
名 要因

The cost of the deal was the main **factor** in our decision not to sign the contract.

契約書に署名しないという決定の主要因は、取引のコストにあった。

| 38 ☐ | **term** [tə́ːrm] | 名 期間；任期；用語；（通例、複数）条件 |

○「用語」という意味では the architecture **term**（建築用語）、「条件」という意味では the **terms** of the contract（契約の条件）のように使う。

The candidate will be up for re-election after his **term**.
任期終了後、その候補者は再選に向けて立候補するだろう。

| 39 ☐ | **rate** [réit] | 名 料金；割合；比率
他 価格を査定する；評価する |

○ a fixed **rate** of interest（固定金利の利率）、a crime **rate**（犯罪発生率）

What is the weekend **rate** per night for a single room?
週末のシングルルーム1泊の料金はいくらですか。

| 40 ☐ | **patience** [péiʃəns] | 名 忍耐；辛抱強さ |

We appreciate your **patience** while maintenance crews check the aircraft.
保守作業員による機体点検の間、お待ちいただきありがとうございます。

派 ☐ **patient** [péiʃənt] 形 忍耐強い 名 患者
類 ☐ **perseverance** [pə̀ːrsəvíərəns] 名 忍耐；ねばり強さ
　　☐ **tolerance** [tɑ́lərəns] 名 寛容；忍耐

CD-1 Track 56

| 41 ☐ | **sympathy** [símpəθi] | 名 同情；共感 |

○ 人の不運・不幸に対して気の毒に思う「同情」という意味と、人と人の理解に基づく「共感」という意味がある。

After the manager's mother died, all of the employees showed their **sympathy**.
部長の母親が亡くなり、全社員が哀悼の意を示した。

派 ☐ **sympathize** [símpəθàiz] 自 同情する；共感する
類 ☐ **compassion** [kəmpǽʃən] 名 思いやり

42 attention [əténʃən]
名 注意；注目

Ladies and gentlemen, may I have your **attention** please?
皆様にご案内申し上げます。

派 □ **attentive** [əténtiv]　形 注意深い；気が利く

43 attitude [ǽtitjùːd]
名 態度

○ attitude は「精神的な態度」を表し、posture は主に「身体的な姿勢」を表す。

Without the right **attitude**, you will never succeed in this business.
いい加減な態度では、この業界で成功できませんよ。

類 □ **posture** [pástʃər]　名 姿勢；気構え
　 □ **stance** [stǽns]　名 態度；立場

44 perception [pərsépʃən]
名 知覚；認知；見識

Mr. Jones' **perception** of the final project is different from that of Ms. Lawson's.
最後のプロジェクトについてのジョーンズさんの認識はローソンさんのものとは異なる。

45 remark [rimáːrk]
名 意見；発言　他 述べる

The politician retraced his **remark** after it was in the papers.
その政治家が自分の発言を振り返ったのは、新聞にそれが載った後だった。

Notes　**retrace**　他 注意して見直す

46 routine [ruːtíːn]
名 決まった日課；ルーティン
形 日課となっている；決まった

○ 毎日規則的に行われる一連の業務を指し、時にネガティブなニュアンスが入る。

Today's agenda includes a break from the regular **routine**.
今日の議題には機械的な日常業務からの脱却を取り上げます。

47 □ **chore** [tʃɔːr]   名 雑事；雑用

○ 日常的な決まった業務や雑用を指す。household **chores**（家事）、clerical **chores**（事務作業）など。

Once we finish the initial step, we'll go on to the next **chore**.
まず第1段階を終わらせ、次の作業に進みます。

類 □ **errand** [érənd]   名 お使い；用足し

48 □ **range** [réindʒ]   名 範囲；領域；限界   自 及ぶ；広がる
他 整頓する；配置する

We can only operate within our **range**.
我々は自分たちの領域内で活動することしかできない。

49 □ **affair** [əféər]   名 事件；業務；事情；会合

○ 「事件」の意味では the Watergate **affair**（ウォーターゲート事件）のように、「業務」では business **affairs**（商用）、「事情」では foreign **affairs**（外交問題）のように使う。

I was told that the ceremony will be a formal **affair**.
その式典はフォーマルな会だと聞いています。

50 □ **discipline** [dísəplin]   名 規律；訓練

It takes hard work and **discipline** to get ahead in this competitive business.
競争の激しいこの業界で成功するためには、勤勉さと規律が必要だ。

CD-1 Track 57

51 □ **principle** [prínsəpl]   名 主義；方針

Each employee must adhere to the company's **principles**.
全社員が会社の方針に従わなければならない。

Notes **adhere to** 〜に従う

基本名詞 LEVEL 2

52 □ proof [prúːf]
名 証拠；証明；校正刷り

○ the **proofs** of the book（その本の校正刷り）

The case was dismissed because there was insufficient **proof**.
証拠不十分のため、訴えは棄却された。

派 □ **prove** [prúːv]　他 立証する　自 〜であると分かる（to be）

53 □ lot [lát]
名 土地の１区画；用地

○ parking **lot** で「駐車場」、a vacant **lot** なら「空き地；更地」。

We are making a bid on the **lot** where we will build our house.
私たちは家を建てる予定の土地に入札をしている。

54 □ site [sáit]
名 場所；用地；敷地

We will visit the construction **site** this afternoon to assess the progress of the project.
今日の午後に建設現場へ行き、プロジェクトの進捗状況を確認します。

類 □ **location** [loukéiʃən]　名 場所；位置

55 □ rear [ríər]
名 後ろ；後部；裏手

○ **in the rear of**（〜の後ろ［裏手］に）

You will find pamphlets and brochures on the table in the **rear** of the room.
この部屋の後ろのテーブルにパンフレットと小冊子が用意されています。

56 □ row [róu]
名 列；並び

○ Part 1 の要注意語。**in a row** には「列をなして」のほか、「連続して」の意味もある。I have ten days off **in a row**.（私は10日間の連休です）

There are only two seats left in the back **row**.
後ろの列には２つの席しか残っていない。

類 □ **line** [láin]　名（行）列；線

☐ **queue** [kjúː]　名 行列　◉英国用法。

---

57 ☐ **venue**
[vénjuː]　名 開催地；場所

◉ 展示会やコンサート、スポーツ大会などの「イベントの開催地」という意味で使う。

Mr. Gifford will select the **venue** for the next seminar in the summer.
ギフォードさんが、次回の夏期セミナーの開催地を選びます。

---

58 ☐ **vicinity**
[vɪsínəti]　名 近所；付近；近い度合い

◉ **in the vicinity of** は空間的な「〜の近隣に」のほか、数量・度合いが「〜に近くて」の意味でも使える。Japan's GDP is **in the vicinity of** $5 trillion.（日本のGDPはおよそ5兆ドルだ）

We are looking for a new location that's in the **vicinity** of our downtown headquarters.
我々は、中心街にある本社の近辺に新しい場所を探している。

類 ☐ **neighborhood** [néibərhùd]　名 近所；近隣

---

59 ☐ **structure**
[strʌ́ktʃər]　名 構造（物）；機構

The officials checked the **structure** for damage from the earthquake.
当局はその構造物の地震の被害を検査した。

---

60 ☐ **tip**
[típ]　名 ヒント；助言；チップ

◉ give a **tip** to a taxi driver（タクシー運転手にチップをあげる）

My financial advisor gave me many **tips** about saving money for retirement.
財務アドバイザーは私に、退職に向けた貯蓄について多くの助言を与えてくれた。

基本名詞 LEVEL 2

| 61 | ☐ **clue** [klúː] | 名 手がかり；糸口 |

Paul tried to figure out how to use the software but he didn't have a **clue**.
ポールはそのソフトウェアの使い方を理解しようとしたが、手がかりがなかった。

| 62 | ☐ **aid** [éid] | 名 援助；補助器具；助成金 |

The government promised **aid** to the small country after the earthquake.
地震の後、政府はその小国に援助を約束した。

| 63 | ☐ **courtesy** [kə́ːrtəsi] | 名 礼儀；親切な行い；優待 |

○ **courtesy** call（表敬訪問）、a **courtesy** card（優待カード）

Please wipe the sink as a **courtesy** to other passengers.
他のお客様のために洗面台をお拭き願います。

| 64 | ☐ **integrity** [intégrəti] | 名 誠実さ；高潔 |

○「誠実で、モラルが高い」というニュアンス。a person of **integrity**（人格者）

We pride ourselves with being an organization with **integrity**.
弊社は誠実な組織であることを自負しております。

類 ☐ **honesty** [ánisti]　名 誠実さ；率直さ

| 65 | ☐ **sentiment** [séntəmənt] | 名 気分；所感；意見 |

○ bearish **sentiment** は株式市場で「弱気；売り先行の傾向」。反意語は bullish **sentiment** で「強気；買い先行の傾向」の意。

Most investors these days have a bearish **sentiment**.
最近の投資家のほとんどは弱気だ。

| 66 | ☐ **vision** [víʒən] | 名 洞察力；先見の明；視覚；視力 |

We pride ourselves on being a modern company with **vision**.
弊社は先見性を備えた現代的企業であると自負しています。

| 67 | ☐ **custom** [kʌ́stəm] | 名 慣習；風習；（個人の）習慣 |

○ 個人の習慣にも使える。It's my **custom** to jog before work.（仕事の前にジョギングするのが私の習慣です）

It is the **custom** here to take off your shoes before entering someone's home.
家に入る前に靴を脱ぐのがこちらの慣習です。

類 ☐ **tradition** [trədíʃən] 名 しきたり；伝統
☐ **habit** [hǽbit] 名 習慣；癖

| 68 | ☐ **legacy** [légəsi] | 名 遺産 |

○ 相続される財産・資産のほか、literary **legacy**（文学的遺産）、negative **legacy**（負の遺産）のように、文化的なものや無形のものにも使える。

The famous singer left quite a **legacy**.
その有名な歌手は多くの遺産を残した。

類 ☐ **inheritance** [inhérətəns] 名 継承物；相続財産
☐ **heritage** [hérɪtɪdʒ] 名 継承物；（自然・遺跡などの）遺産

| 69 | ☐ **legend** [lédʒənd] | 名 伝説；伝説的な人；（地図の）凡例 |

After the popular star passed away, he remained a **legend** for many years.
その人気スターは、亡くなった後、何年にもわたって伝説の人だった。

70. reputation [rèpjutéiʃən]
名 評判；名声

That CEO has a **reputation** for landing any deal in a quick and effective manner.
そのCEOは、どんな取引でも迅速かつ上手にまとめるという定評がある。

Notes **land a deal** 取引をまとめる；契約を獲得する

CD-1 Track 59

71. prestige [prestíːʒ]
名 名声；威信

That hospital has many talented surgeons that bring it some **prestige**.
その病院は有能な外科医が何人もいるため、名声を得ている。

派 □ **prestigious** [prestídʒiəs] 形 名声のある；一流の
類 □ **status** [stéitəs] 名 地位；ステータス
　 □ **fame** [féim] 名 名声
　 □ **renown** [rináun] 名 高名；名声

72. celebrity [səlébrəti]
名 有名人；セレブ；名声

○ 「名声」の意味では、Her **celebrity** grew after winning the prize.（受賞してから彼女の名声は高まった）のように使う。

Our company is thinking of using a **celebrity** to endorse our products.
当社では製品を宣伝するために有名人を使うことを検討している。

73. masses [mǽsiz]
名 （通例、the ～）大衆

○ ordinary people の意。単数形の mass は「塊；多量」という意味。

We need a product that will appeal to the **masses**.
我が社には一般大衆に好まれる製品が必要だ。

74. obstacle [ábstəkl]
名 障害；邪魔

Providing there are no further **obstacles**, we can proceed with the IPO.
これ以上の障害がなければ、新規株式公開を進めることができる。

> Notes **providing** 接 〜という条件で
> **IPO (Initial Public Offering)** 新規株式公開

75 □ **offense** [əféns]　名 犯罪；違法行為；攻撃

○「攻撃」の意味では、Our company was strategically on the **offense**.（会社は戦略上、攻撃する側にいた）のように使う。

Not paying taxes is a major **offense**.
税金の不払いは重大な犯罪だ。

派 □ **offend** [əfénd] 他 感情を害する　自 犯罪を犯す

76 □ **prejudice** [prédʒudis]　名 偏見

There is no **prejudice** whatsoever at our workplace.
私たちの職場にはいかなる偏見も存在しません。

類 □ **bias** [báiəs]　名 偏見；先入観
　 □ **discrimination** [diskrìmənéiʃən]　名 差別

77 □ **disaster** [dizǽstər]　名 災害；大惨事

The country sent medical aid workers to the small island to help cope with the **disaster**.
災害対策を支援するために、国は医療支援部隊をその小さな島へ派遣した。

類 □ **calamity** [kəlǽməti]　名 惨事；災難

78 □ **crisis** [kráisis]　名 危機

The economic **crisis** was started by the fall of the banking industry.
経済危機は銀行業界の破綻がきっかけで始まった。

79 □ **pain** [péin]
名 痛み；苦労　自 痛む

○ take pains to *do*（do するのに苦労する）、No **pain**, no gain.（苦労なくして、得るものはない→虎穴に入らずんば、虎子を得ず）

Steve experienced a lot of **pain** in his knee after the skiing accident.
スキー事故の後、スティーブの膝はひどく痛んだ。

派 □ **painful** [péinfəl]　形 痛い；（仕事などが）骨の折れる

80 □ **sector** [séktər]
名（産業などの）部門；セクター

○ ビジネスでは、産業の部門を指すことが多い。

Stock prices in the tech **sector** rose today on speculation.
技術関連株は今日、投機買いで値を上げた。

Notes **speculation** 名 投機

CD-1 Track 60

81 □ **portion** [pɔ́ːrʃən]
名 一部；部分

A **portion** of the company's earnings go to a worthy cause.
会社の収益の一部は、慈善活動に寄付される。

82 □ **segment** [ségmənt]
名 部分；区分；セグメント

Each **segment** of our target market should be detailed in our plan.
我々の目標とする市場の各セグメントは、計画の中で詳述されるべきだ。

83 □ **basis** [béisis]
名 根拠；理由；基礎；土台

○ < on ～ basis / on the basis of ～>（～に基づいて）という言い方も覚えておきたい。
on the basis of seniority（年功に基づいて）

What is the **basis** of your argument?
あなたは何を根拠にそう言うのですか。

派 □ **basic** [béisik]　形 基礎の；根本の

84 scheme [skíːm]
名 (体系的な) 計画；構想

Let's review the outline of the **scheme** for the plot of land.
その敷地の計画の概要について検討しましょう。

85 phase [féiz]
名 局面；段階；フェーズ

○ 工事やプロジェクトの各段階を表すのに用いる。Phase 1, Phase 2 ... と工期を表示することもある。

Ms. Harper will oversee every **phase** of the product's development.
ハーパーさんは製品開発のすべての局面を統括する。

類 □ **stage** [stéidʒ] 名 段階；局面；舞台

86 instrument [ínstrəmənt]
名 道具；器具；楽器

○ 科学的な、または精密な仕事に使われる道具を指す。surgical **instruments**（手術器具）、musical **instruments**（楽器）

We use this **instrument** as a measuring device.
この器具は計測器として使用します。

87 initiative [iníʃiətiv]
名 主導権；戦略；計画

○ 例文のように「物事を実行する主導権」という意味のほか、具体的な行動計画や戦略も示すことができる。anti-crime **initiatives**（犯罪撲滅計画）

We took the **initiative** in putting together the deal.
我々が契約をまとめる主導権をとった。

88 insight [ínsàit]
名 見識；洞察力

When it comes to financial matters, Ms. Maxfield has a lot of **insight**.
金融問題に関して、マックスフィールドさんは豊富な見識を持っている。

類 □ **intuition** [ìntjuːíʃən] 名 直感；洞察力

89 evolution [èvəlúːʃən]
名 進化；発展

○「生物学上の進化」が原意で、さまざまなものが徐々に変化・発達することを指す。

Our product remained popular throughout its **evolution**.
当社の製品は進化しながら人気を維持していた。

派 □ **evolve** [iválv] 自 進化する

90 breakthrough [bréikθrùː]
名 飛躍的進歩；現状打破；大発見

○ 動詞句の break through は「〜を打破する；〜を切り抜ける」の意。

The scientist finally had a **breakthrough** in his research.
その科学者は自分の研究でついに画期的な発見をした。

類 □ **advance** [ædvǽns] 名 前進；進歩
　□ **innovation** [inəvéiʃən] 名 革新；新機軸

CD-1 Track 61

91 edge [édʒ]
名 強み；優位性

○ competitive **edge**（競争力；競争上の優位性）という語句としてよく使われる。

We're hoping this new technology will give us a competitive **edge** in the market.
この新技術が我が社に市場での競争力を与えてくれるものと期待している。

92 dispute [dispjúːt]
名 紛争；論争　自 論争する

The two countries are in a **dispute** over which one owns the land.
両国は、土地の領有をめぐる紛争のさなかにある。

類 □ **debate** [dibéit] 名 議論；論争
　□ **controversy** [kántrəvə̀ːrsi] 名 論争；口論

93 struggle [strʌ́gl]
名 闘争；苦心；葛藤　自 奮闘する；もがく

The residents' **struggle** to keep their housing came to an end when the court ruled in their favor.

裁判所が住民側勝訴の判決を下し、家を守ろうとする住民たちの闘争は終わった。

94 mode
[móud]
名 様態；様式

Finally, the economy is in recovery **mode** and we are experiencing gains.
ようやく経済は回復基調となり、我が社も利益が出るようになっている。

95 framework
[fréimwə̀ːrk]
名 枠組み；骨格

We operate our business within the **framework** of society.
われわれは社会の枠組みの中で事業を展開している。

類 □ **structure** [strʌ́ktʃər]　名 構造（物）；仕組み
　 □ **fabric** [fǽbrik]　名 布地；骨組み；（建物の）基礎構造

96 notion
[nóuʃən]
名 考え；観念

The man acted on a **notion** and became famous.
その男はある考えに基づいて行動し、有名になった。

97 perspective
[pərspéktiv]
名 見方；視点；（絵画の）遠近法

We need a fresh **perspective** on our sales techniques.
我々は、販売方法についての斬新な視点が必要だ。

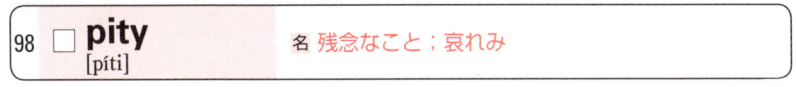

98 pity
[píti]
名 残念なこと；哀れみ

○ ＜**It's a pity that** 〜＞（〜とは残念だ）の形も覚えておきたい。

The whole world felt **pity** for the earthquake victims.
世界中の人々が地震の犠牲者を気の毒に思った。

| 99 | **ethics** [éθiks] | 名 倫理；道徳 |

○ 複数形で使う。

The boss is sending all the employees to a business **ethics** training program.
社長は社員全員を企業倫理研修プログラムに送っている。

派 □ **ethical** [éθikəl]　形 倫理的な

| 100 | **gender** [dʒéndər] | 名 性；性別；ジェンダー |

○ gender は社会・文化的な「性（別）」を表し、身体的・生物的な「性（別）」は sex を使う。
gender gap（男女による価値観の違い）、**gender** roles（性による役割分担）

We hire anyone regardless of race or **gender**.
当社は人種、性別を問わずだれでも雇用します。

One-Point Advice 4　Part 5 の語彙問題の特徴

　Part 5 の最近の傾向では、純粋な文法問題は半分もありません。過半は語彙問題になっています。

　語彙の問題には、同じ品詞の単語の選択肢から空所に合う意味・用法の単語を選ぶ問題のほか、派生語のファミリーから適切な品詞を選ぶ問題や、同一の動詞で原形・三単現・現在分詞・過去分詞などから適切な形を選ぶ問題などがあります。また慣用的な単語同士の結びつきを問う高度な問題が出ることもあります。

　設問文はビジネスの書き言葉の文で、初級者にはとっつきにくいかもしれませんが、設問のポイントは簡単なものも多いので、見かけに惑わされないようにしましょう。ビジネス語をある程度身につけると、ぐんと読みやすくなります。

第4章
ビジネス語

CD-2 Track 1 ～ CD-1 Track 40

① 採用 158
② 人事 161
③ 会社・経営 164
④ 会議・プレゼン ... 167
⑤ マネー・経済 170
⑥ 財務・会計 173
⑦ 製造・輸送 176
⑧ マーケティング・販売 ... 179
⑨ ショッピング 182
⑩ 取引・契約 186
⑪ 空港・機内 189
⑫ 旅行・レジャー ... 192
⑬ 交通 195
⑭ オフィス 198
⑮ ペーパーワーク ... 201
⑯ イベント 204
⑰ 健康・医療 207
⑱ 日常生活 210
⑲ 住居・不動産 214
⑳ 食事・料理 217

❶ 採用　Employment

求人広告→応募→面接→採用という一連の採用業務プロセスは TOEIC でも必須のテーマです。

CD-2 Track 1

Passage

①**Help wanted**

Harkin Ltd. is looking for qualified ②**candidates** for an open administrative ③**position**. ④**Applicants** must have ⑤**computer literacy** and be ⑥**proficient** in the latest office software applications. Other ⑦**skills** and ⑧**requirements** include a sales ⑨**expertise** and a friendly demeanor. Interested candidates should send a ⑩**résumé** that lists your ⑪**academic background**, including your ⑫**degree** and ⑬**major**, and ⑭**job history**, including descriptions of the ⑮**occupation** and ⑯**duties**.

All ⑰**new recruits** under our ⑱**employ** will be required to have two months ⑲**training**.

社員募集

ハーキン社は欠員となっている事務職にふさわしい能力のある候補者を求めています。応募者はコンピュータの操作能力を持ち、最新のオフィス用アプリケーションソフトが使いこなせなければなりません。他の技能や要件には、販売の専門知識、友好的な態度が含まれます。関心のある候補者は、学位と専攻を含む学歴、職業と業務の詳細を含む職歴を列挙した履歴書をお送りください。
採用された新入社員は2カ月間の研修を受ける必要があります。

★① □ **help wanted**　求人；社員募集

★② □ **candidate** [kǽndidèit]　名 候補者

　③ □ **position** [pəzíʃən]　名 職位；ポスト

★④ □ **applicant** [ǽplikənt]　名 応募者

　⑤ □ **computer literacy**　コンピュータ運用能力
　　○ literacy 単独で「識字能力」。

- ★ ⑥ ☐ **proficient** [prəfíʃənt]　形 熟達した；能力がある
- ⑦ ☐ **skill** [skíl]　名 技能
- ★ ⑧ ☐ **requirement** [rikwáiərmənt]　名 要件；資格
- ★ ⑨ ☐ **expertise** [èkspərtíːz]　名 専門知識　○発音注意。
- ★ ⑩ ☐ **résumé** [rézumèi]　名 履歴書　○curriculum vitae も同意。
- ⑪ ☐ **academic background**　学歴
- ⑫ ☐ **degree** [digríː]　名 学位
- ★ ⑬ ☐ **major** [méidʒər]　名 専攻　○minor（第2専攻）
- ⑭ ☐ **job history**　職歴
- ⑮ ☐ **occupation** [àkjupéiʃən]　名 職業
- ★ ⑯ ☐ **duty** [djúːti]　名 仕事
  ○responsibility、task、assignment も同様の意味で使う。
- ★ ⑰ ☐ **new recruit**　新入社員
  ○recruit だけでも同意で使える。
- ★ ⑱ ☐ **employ** [implói]　他 雇用する　名 雇用
  ○employer（雇用者）、employee（被雇用者；社員）
- ⑲ ☐ **training** [tréiniŋ]　名 研修；訓練
  ○probation（試用期間；見習期間）。「見習社員」は apprentice と言う。

ビジネス語

Sentence-1

I'd like to have a new [20]**profession** and am looking for a [21]**job vacancy**.

私は新しい仕事に就きたくて、求人を探している。

★ [20] ☐ **profession** [prəféʃən]　名 職業；専門職
★ [21] ☐ **job vacancy**　求人；ポストの空席

Sentence-2

I have the proper [22]**qualifications** for the job so I hope they [23]**hire** me after the [24]**interview** today.

私はその仕事に適した資格を持っているので、今日の面接の後、採用になることを願っている。

[22] ☐ **qualification** [kwὰləfikéiʃən]　名 資格；能力
★ [23] ☐ **hire** [háiər]　他 採用する
★ [24] ☐ **interview** [íntərvjùː]　名 面接　自他 面接する
　　○ interviewer（面接官）、interviewee（面接を受ける人）

Sentence-3

He was able to attend university through a [25]**scholarship** and will [26]**graduate** this year.

彼は奨学金を利用して大学に通うことができ、今年卒業する予定だ。

[25] ☐ **scholarship** [skάlərʃip]　名 奨学金
★ [26] ☐ **graduate** [grǽdʒuət]　自 卒業する（from）　名 大学卒業生；大学院生
　　○ undergraduate（大学生）

❷ 人事　Human Resources

業績評価や給与、転勤、昇格など、人事についての基本語を紹介します。

Passage

CD-2 Track 3

　The following is a notice from ①**human resources** to all ②**personnel**. We will be conducting ③**performance** ④**evaluations** in order to determine who to ⑤**lay off**. We will also consider some employees for ⑥**relocation**. Please note that this is in compliance with the ⑦**labor unions**. If an employee opts to ⑧**quit** or ⑨**resign**, we will offer ⑩**paid holidays** and add an ⑪**allowance** to his or her ⑫**paycheck** as ⑬**incentive**. Some staff members may be up for a ⑭**promotion** or a ⑮**raise**, depending on the results of the evaluation.

次に示すのは、人事部から全社員に向けた告知です。私たちは、一時解雇の対象者を決定するために、業績の評価を実施しています。また、一部の社員については転勤を検討します。この件は労働組合の了解を得ているものであることにご留意ください。退社または退職を選択された社員に対しては、有給休暇を提供するとともに、報奨金として給与に手当を付加します。評価の結果に基づいて、社員によっては昇格または昇給となります。

★ ① □ **human resources**　人材；人事（部）

★ ② □ **personnel** [pə̀ːrsənél]　名 社員；人事部

★ ③ □ **performance** [pərfɔ́ːrməns]　名 実績；業績

　④ □ **evaluation** [ivæ̀ljuéiʃən]　名 評価

★ ⑤ □ **lay off**　〜を（一時）解雇する

★ ⑥ □ **relocation** [rìːloukéiʃən]　名 転勤　⊃ relocate（転勤させる）

　⑦ □ **labor union**　労働組合

　⑧ □ **quit** [kwít]　他（仕事・習慣などを）やめる

ビジネス語

★ ⑨ ☐ **resign** [rizáin]   自 辞任する
　○ resignation（辞任）

⑩ ☐ **paid holidays**　有給休暇

★ ⑪ ☐ **allowance** [əláuəns]   名 手当
　○ overtime **allowance**（残業手当）

★ ⑫ ☐ **paycheck** [péitʃèk]   名 給与
　○ salary、pay、payroll、compensation なども「給与」の意味で使う。なお、wage は「日給；週給」を指す。

⑬ ☐ **incentive** [inséntiv]   名 報奨金；インセンティブ

★ ⑭ ☐ **promotion** [prəmóuʃən]   名 昇格；昇進
　○ promote（昇格させる）。demotion（降格）

★ ⑮ ☐ **raise** [réiz]   名 昇給

Sentence-1　　　　　　　　　　　　　　　　　CD-2 Track 4

I'm looking for a ⑯**replacement** to ⑰**work overtime** into the late ⑱**shift** tonight.

今夜、遅番で残業する交代要員を探しています。

★ ⑯ ☐ **replacement** [ripléismənt]   名 後任（者）；交代要員

★ ⑰ ☐ **work overtime**　残業する
　○ work on holidays（休日出勤する）

★ ⑱ ☐ **shift** [ʃíft]   名 交代勤務
　○ work the **shift**（交代勤務をする）

Sentence-2

The ⁽¹⁹⁾**supervisor** will ⁽²⁰⁾**dismiss** those employees who have a problem with ⁽²¹⁾**tardiness**.

上司は遅刻が問題である社員を解雇するだろう。

★ ⑲ ☐ **supervisor** [sú:pərvàizər]　名 上司；統括者；監督

⑳ ☐ **dismiss** [dismís]　他 解雇する
- fire、discharge、let go、sack なども「解雇する」の意味で使う。名詞は dismissal。

㉑ ☐ **tardiness** [tá:rdinis]　名 遅刻
- absence（欠勤）。absenteeism は「常習的欠勤；無断欠勤」。

Sentence-3

The CEO will ⁽²²⁾**retire** and give all responsibility to his ⁽²³⁾**subordinate**, who will strive to run the company in the same style as his ⁽²⁴⁾**predecessor**.

最高経営責任者は退職し、すべての権限を部下に譲ることになり、その部下は前任者と同様のスタイルで会社を経営することに努力することになるだろう。

★ ㉒ ☐ **retire** [ritáiər]　自 退職する　- retirement（退職）

★ ㉓ ☐ **subordinate** [səbɔ́:rdənət]　名 部下

㉔ ☐ **predecessor** [prédəsèsər]　名 前任者

❸ 会社・経営　Company & Management

会社と組織の基本語と、マネジメント関連のキーワードを紹介します。

Passage

At Latham National Inc., a ①**subsidiary** of Latham International, we offer ②**bankruptcy** advice and ③**restructuring** services to corporations and other ④**firms**. We can also assist companies who wish to ⑤**globalize**, form an ⑥**alliance** or issue an ⑦**IPO**. If you are short of staff, we can provide competent short-term ⑧**management**, and if you need to ⑨**downsize** or ⑩**shut down**, we can assist with those processes as well. And our experts can give you strategic advice on how to raise ⑪**capital** for your operations and ⑫**expansions**.

レイサム・インターナショナルの子会社である、私どもレイサム・ナショナル社は、株式会社およびその他の会社に、破産のアドバイスと経営再編のサービスを提供します。当社はまた、国際化、提携の構築、株式の上場を希望する企業を支援します。スタッフが不足している場合には、有能な短期限定の経営チームを供給できますし、業務縮小や閉鎖をご希望の場合には、そうしたプロセスについても同様に支援いたします。また、貴社の事業運営および拡張のための資本調達の方法に関して、当社の専門家が戦略的なアドバイスを行います。

---

① ☐ **subsidiary** [səbsídièri]　名 子会社
　○ branch（支社；支店）、affiliate company（関連会社）

★② ☐ **bankruptcy** [bǽŋkrʌptsi]　名 破産；倒産
　○ bankrupt（破産した；倒産した）

③ ☐ **restructure** [rìːstrʌ́ktʃər]　他 再編する；再構築する
　○ 企業の全体を再編するのに使い、日本語のリストラのように、人員削減に限定されない。

★④ ☐ **firm** [fə́ːrm]　名 会社
　○ 「会社」は他に company、business、enterprise、corporation などを使う。corporation には「法人企業」の意味がある。incorporate は「法人化する」という動詞。

★ ⑤ □ **globalize** [glóubəlàiz]　他 グローバル化する；国際展開する

★ ⑥ □ **alliance** [əláiəns]　名（業務）提携

⑦ □ **IPO (Initial Public Offering)**　株式公開；新規上場
　○「上場する」という動詞表現には list や go public を使う。

★ ⑧ □ **management** [mǽnidʒmənt]　名 経営；（集合的に）経営陣

⑨ □ **downsize** [dáunsàiz]　他 削減する；小規模化する

★ ⑩ □ **shut down**　（操業を）停止する

⑪ □ **capital** [kǽpətl]　名 資本

★ ⑫ □ **expansion** [ikspǽnʃən]　名（事業などの）拡大

CD-2 Track 6

Sentence 1

The ⑬**board of directors** will meet today at the ⑭**corporate headquarters** to select a new ⑮**chairperson**.

取締役会は本日、本社で会議を開き、新しい会長を選出する。

★ ⑬ □ **board of directors**　取締役会
　○ director は「取締役；役員」。

★ ⑭ □ **corporate headquarters**　本社
　○ headquarters だけでも同意で使う。head office、main office とも言う。

⑮ □ **chairperson** [tʃéərpə̀ːrsn]　名 会長
　○ president（社長）、vice president（副社長）

ビジネス語

Sentence 2

When forming a ⑯**merger**, it's important to remember that the two parties have the same level of ⑰**hierarchy**.

合併を実施するときには、両者が同じレベルの職階を持っていることを念頭に置くことが重要だ。

★ ⑯ ☐ **merger** [mə́:rdʒər]　名 合併
　　○ M&A (merger and acquisition)（合併・吸収）という表現もよく使われる。

⑰ ☐ **hierarchy** [háiərà:rki]　名（会社の）職階
　　○ corporate ladder（会社の職階；出世階段）

Sentence 3

The ⑱**entrepreneur** formed a ⑲**committee** of ⑳**executives** to work on the ㉑**enterprise** project and made himself the ㉒**department** head.

その企業家は会社のプロジェクトを統括する経営委員会を組織し、自らが部門長に就任した。

⑱ ☐ **entrepreneur** [à:ntrəprəná:r]　名 企業家；起業家
　　○ リスクをとって、事業を積極的に進める人を指す。

★ ⑲ ☐ **committee** [kəmíti]　名 委員会

★ ⑳ ☐ **executive** [igzékjutiv]　名 経営幹部

★ ㉑ ☐ **enterprise** [éntərpràiz]　名 事業；企業

★ ㉒ ☐ **department** [dipá:rtmənt]　名 部門；部課

❹ 会議・プレゼン Meeting & Presentation

会議やプレゼンで使うキーワードは決まっています。必須のものをしっかり覚えましょう。

CD-2 Track 7

Passage

Please take a look at the ①**minutes** from the last ②**presentation** on the ③**handout**. I ④**presided over** the meeting, and I ⑤**moved** to take a ⑥**vote** on what to present at the ⑦**workshop** we're having during the national ⑧**conference**. We reached a ⑨**decision by a majority**, with one ⑩**objection** and 19 ⑪**in favor**, that we would make it a ⑫**brainstorming session** on sales and marketing techniques. Then, after a short ⑬**break**, we went over a ⑭**document** that had a ⑮**summary** of the points we will present and the ⑯**agenda** for the session. We then ⑰**adjourned** the meeting at 5:30 p.m.

配付資料にある最新のプレゼンの議事録をごらんください。私はこの会議の司会をして、全国会議の期間中に我々が行うワークショップで何を発表するか議決するよう提案しました。我々は反対1名、賛成19名の多数決で、販売およびマーケティング技術のブレストを行うことに決めました。その後、短い休憩を挟んで、我々が発表する要点の概要とそのブレストの予定表の入った書類を検討しました。我々は午後5時30分に会議を終了しました。

★① ☐ **minutes** [mínits] 名 議事録 ● take the **minutes**（議事録をとる）

★② ☐ **presentation** [prèzəntéiʃən] 名 プレゼン；発表

★③ ☐ **handout** [hǽndàut] 名（会議などで使う）配布資料

④ ☐ **preside over** 〜の司会をする；〜を主宰する
● chair も同意で使える。

⑤ ☐ **move** [múːv] 他 〜を提議［動議］する 名 提議；動議

⑥ ☐ **vote** [vóut] 名 投票 自他 投票する

⑦ ☐ **workshop** [wə́ːrkʃɑ̀p] 名 研修会；講習会；ワークショップ

ビジネス語

167

★ ⑧ □ **conference** [kánfərəns]　名 会議；協議

⑨ □ **decision by a majority**　多数決

⑩ □ **objection** [əbdʒékʃən]　名 反対

★ ⑪ □ **in favor**　賛成して

⑫ □ **brainstorming session**　アイデア会議；ブレスト

⑬ □ **break** [bréik]　名 休憩　○ take a **break**（休憩をとる）

★ ⑭ □ **document** [dákjumənt]　名 書類

★ ⑮ □ **summary** [sʌ́məri]　名 要約

★ ⑯ □ **agenda** [ədʒéndə]　名 議題の一覧；議事日程

⑰ □ **adjourn** [ədʒə́ːrn]　他（会議を）終了する；休会にする

CD-2 Track 8

Sentence-1

We will ⑱**convene** and decide by ⑲**consensus** who will represent us at the conference.

我々は会合を開き、その会議でだれが我々を代表するか総意をもって決定します。

---

⑱ □ **convene** [kənvíːn]　他（会議を）開く［招集する］　自（会議が）開催される

⑲ □ **consensus** [kənsénsəs]　名 意見の一致；コンセンサス

Sentence-2

Please look at the ⑳**chart**, which shows the profits over the past five years.

過去5年間にわたる利益を示すこのグラフを見てください。

★ ⑳ □ **chart** [tʃáːrt]　名 図表；グラフ
　　○ 表（table）とグラフ（graph）の両方の意味がある。pie **chart**（円グラフ）、bar **chart**（棒グラフ）、line **chart**（折れ線グラフ）も覚えておこう。

Sentence-3

㉑ **The bottom line** is that we need to work overtime to make the project deadline.

重要なことは、プロジェクトの納期を守るために我々は残業をしなければならないということだ。

㉑ □ **the bottom line**　最重要点
- bottom line は「最終損益」の意味だが、転じて「最も重要な点」という意味で使われる。

Sentence-4

The candidate finally ㉒**reached a conclusion** that he must ㉓**concede** defeat.

その候補はついに、敗北を認めなければならないという結論に達した。

㉒ □ **reach a conclusion**　結論に達する

㉓ □ **concede** [kənsíːd]　他 (敗北などを) 認める　自 譲歩する
- concession (譲歩；許容)

One-Point Advice 5　Part 6 は内容把握も必要

　リーディング・セクションの Part 6 は長文空所補充問題です。Part 5 の延長として、空所の前後だけから適語を選ぶことが可能な設問もありますが、最近の傾向としては、解答のカギになる情報が離れたところにある設問も用意され、全体的な内容把握力が試されます。

　確実に解答するには、文章全体の流れを把握することが必要なので、最初から読むことをお勧めします。

ビジネス語

❺ マネー・経済　Money & Economy

金融・経済分野で TOEIC に必要なものは基本語に限られます。たくさん覚える必要はありません。

Passage

Many investors don't realize that in this ①**sluggish** economy, ②**currency** ③**exchange rates** can adversely affect their ④**investment** ⑤**portfolios**. Corporations and ⑥**industries** that investors have ⑦**stock** in are converting large amounts of one currency into another every day. Exchange rates constantly affect the growth of the economy whether it's ⑧**booming** or in a ⑨**recession**. They can also have a direct impact on company earnings, which can either help a struggling corporation to ⑩**recover**, or cause another to gain a ⑪**deficit**.

投資家の多くは、この景気停滞の時期に、為替レートが彼らの投資ポートフォリオに悪影響を及ぼす可能性があることを理解していない。投資家が株を保有している企業や産業は毎日、多額の通貨を別の通貨に交換している。景気がよくても、景気後退であっても、為替レートはたえず経済成長に影響を及ぼす。為替レートはまた、企業の収益にも直接影響を与え、低迷する会社を回復させたり、別の会社に損失をもたらしたりする。

---

① □ **sluggish** [slʌ́giʃ]　形 不景気の；停滞した
　○ depressed、stagnant などが同様の意味。

★ ② □ **currency** [kə́ːrənsi]　名 通貨；貨幣

★ ③ □ **exchange rates**　為替相場；為替レート

④ □ **investment** [invéstmənt]　名 投資
　○ invest（投資する）、investor（投資家）

⑤ □ **portfolio** [pɔːrtfóuliòu]　名 ポートフォリオ；投資の内訳
　○ 株式、債券、貴金属、外貨預金など、保有する投資商品の内訳または全体像を指す。

★ ⑥ □ **industry** [índəstri]　名 産業；工業

★ ⑦ □ **stock** [sták]　名 株式
　　○ share や securities も「株式」の意味で使う。「債券」は bond と言う。

⑧ □ **booming** [búːmiŋ]　形 好景気の
　　○ prosperous、thriving、buoyant などが同様の意味。

⑨ □ **recession** [riséʃən]　名 景気後退；リセッション
　　○ 定義上は、2四半期連続の GDP のマイナス成長を指す。depression ならもっと深刻な「不況」のこと。

★ ⑩ □ **recover** [rikʌ́vər]　自 回復する；再生する　○ recovery（回復）

⑪ □ **deficit** [défəsit]　名 赤字（額）
　　○ trade **deficit**（貿易赤字）、budget **deficit**（財政赤字）。「黒字」は surplus などを使う。

CD-2 Track 10

Sentence 1

⑫**Transactions** such as the amount of money that you ⑬**remit** or ⑭**withdraw** will appear on your monthly ⑮**statement** along with your ⑯**balance**.

お客様が送金する金額や引き出す金額などの取引は、残高とともに、お客様の毎月の明細書に表示されます。

★ ⑫ □ **transaction** [trænzǽkʃən]　名 取引
　　○ 銀行を利用したお金のやりとりだけでなく、商業取引全般に使える。

★ ⑬ □ **remit** [rimít]　他 送金する；（他の口座に）振り込む
　　○ remittance（送金）

★ ⑭ □ **withdraw** [wiðdrɔ́ː]　他 （お金を口座から）引き出す
　　○ 「（提案などを）撤回する」「（軍などを）撤退させる」の意味もある。

★ ⑮ □ **statement** [stéitmənt]　名 明細書　○ 「声明」「申し立て」の意味もある。

★ ⑯ □ **balance** [bǽləns]　名 残高；差額
　　○ **balance** due（差引請求額）、**balance** of trade（貿易収支）

ビジネス語

Sentence-2

What's the ⑰**interest rate** on your ⑱**savings account**?

あなたの普通預金口座の利子はいくらですか。

★ ⑰ ☐ **interest rate** 金利；利子

⑱ ☐ **savings account** 普通預金口座 ○ check account（当座預金口座）

Sentence-3

I receive a good ⑲**dividend** on my ⑳**fund**.

私は自分のファンドから相当額の配当を得ている。

⑲ ☐ **dividend** [dívədènd] 名（株式などの）配当

⑳ ☐ **fund** [fʌ́nd] 名 ファンド；資金
○「資金」が元の意味だが、株式、債券など多様なものに分散投資する商品や、その運用会社を指すこともある。

Sentence-4

Because the ㉑**unemployment rate** is high, I'm saving my ㉒**small change** and not using my ㉓**credit card**, just in case.

失業率が高いので、私はもしものときに備えて、小銭を貯金し、クレジットカードを使わないようにしている。

★ ㉑ ☐ **unemployment rate** 失業率

★ ㉒ ☐ **small change** 小銭
○ change だけでも同様の意味を表す。change は「お釣り」の意味でも使う。

㉓ ☐ **credit card** クレジットカード
○ credit を動詞として使えば、「（銀行口座などに）入金する」こと。「（銀行口座から）引き落とす」ことは debit と言う。ちなみに、debit card は買い物をすると、その金額が直接銀行口座から引き落とされ、残高の範囲内で利用できるカードのこと。

❻ 財務・会計　Finance & Accounting

財務・会計ジャンルも専門用語は必要ありません。社会人ならだれでも知っておくべきものを覚えておきましょう。

Passage　CD-2 Track 11

Good morning, everyone. John, our ①**accountant**, has informed me that we will have a field ②**audit** on our ③**tax return** in two days. As our ④**bottom line** was ⑤**in the black** and our ⑥**debt**-to-⑦**asset** ratio was quite low the last ⑧**fiscal year**, I suppose the agent wants to check our ⑨**earnings**, ⑩**expenditures** and ⑪**deductions**. So I need every employee to carefully check over his or her ⑫**expenses** and ⑬**reimbursements** for errors. The ⑭**due date** is tomorrow.

おはようございます。当社の会計士であるジョンが私に教えてくれたところによると、私たちは2日後に納税申告についての実地監査を受けることになります。前年度の当社の最終損益は黒字で、資産負債比率はきわめて低かったので、（税務）当局は当社の収益、支出、減価償却を確認したいのだと思います。そこで、社員のみなさん全員に、経費と出金について誤りがないか確認をお願いします。期日は明日とします。

★ ① □ **accountant** [əkáuntənt]　名 会計士；経理担当者
　　○ CPA (certified public accountant) は「公認会計士」。企業内の「会計責任者」は controller (または comptroller) と呼ぶ。

② □ **audit** [ɔ́ːdit]　他 会計検査をする；監査する　名 会計検査；監査
　　○ auditor（会計検査官；監査人）

③ □ **tax return**　納税申告

★ ④ □ **bottom line**　最終損益
　　○ 損益計算書（income statement）の「最終行」に記載されることから。

★ ⑤ □ **in the black**　黒字で　○ in the red（赤字で）

⑥ □ **debt** [dét]　名 借入金；債務　○ debtor（債務者）、creditor（債権者）

173

⑦ □ **asset** [ǽset] 名（会計上の）資産　○ 会計上の「負債」は liability と言う。

★ ⑧ □ **fiscal year** 事業年度

★ ⑨ □ **earnings** [ə́:rniŋz] 名 所得；収入

★ ⑩ □ **expenditure** [ikspéndit∫ər] 名 経費；支出

⑪ □ **deduction** [didʌ́k∫ən] 名 控除　○ income **deduction**（所得控除）

★ ⑫ □ **expense** [ikspéns] 名 経費；費用

★ ⑬ □ **reimbursement** [rì:imbə́:rsmənt] 名 払い戻し；出金
○ 会社で社員が立て替えた経費の「払い戻し；出金」に使う。

★ ⑭ □ **due date** 期日；満期日

売り上げ・利益の関係

ビジネスでは、数字の意味とそれぞれの関係を押さえておくことが大切です。

① **sales / turnover**　売り上げ
② **cost of sales**　売上原価
③ **gross margin / gross profit**
　　売上総利益／粗利益 ＝ ① − ②
④ **selling costs & overhead costs**　販売費・一般管理費
⑤ **operating profit**　営業利益 ＝ ③ − ④
⑥ **extraordinary profit / loss**　特別利益・損失
⑦ **taxes & interests**　税金・支払利息
⑧ **net profit / loss (= bottom line)**
　　純利益／損失（＝ 最終損益）＝ ⑤ ± ⑥ − ⑦

Sentence 1

We had a higher ⑮**gross margin** this ⑯**quarter**, which should bring in more investors.

我が社は今四半期、売上総利益が増えたので、さらに多くの投資家を呼び込むことになるだろう。

- ⑮ ☐ **gross margin**　売上総利益；粗利益
- ★ ⑯ ☐ **quarter** [kwɔ́:rtər]　名 四半期　● 事業年度を4区分した3カ月ずつ。

Sentence 2

Please report our latest ⑰**revenue** and ⑱**profit** before the annual ⑲**budget** meeting.

年次の予算会議の前に、当社の最新の売上額と利益を報告してください。

- ★ ⑰ ☐ **revenue** [révənjù:]　名（総）収入；売上（額）
- ★ ⑱ ☐ **profit** [práfit]　名 利益
  ● loss（損失）。税引き後の「純利益・純損失」はそれぞれ、net profit / net loss と言う。
- ★ ⑲ ☐ **budget** [bʌ́dʒit]　名 予算

Sentence 3

People who have lower ⑳**incomes** may apply for government assistance.

所得の低い人々は、政府の支援を申請することができる。

- ★ ⑳ ☐ **income** [ínkʌm]　名 所得；収入

❼ 製造・輸送　Manufacturing & Transportation

製造工程と、製品を輸送するプロセスの基本語を紹介します。

Passage　CD-2 Track 13

At our ①**plant**, we run a ②**research and development** ③**laboratory** that is leading in ④**innovation**. Our ⑤**facility**'s state-of-the-art ⑥**machinery** and ⑦**equipment** ⑧**function** at the highest level to ensure that the ⑨**materials** we produce have no ⑩**defects**. This kind of ⑪**quality** ⑫**manufacturing** along with strict ⑬**specifications** and careful testing of ⑭**prototypes** help to improve our ⑮**output** and make sure customers can stock their ⑯**storehouses** with the very best ⑰**inventory**. We also ⑱**subcontract** a reliable ⑲**courier** that takes care of the ⑳**shipping** of all ㉑**cargo**.

当社は工場で、技術革新を先導する研究開発室を運営しています。当社の施設の最新鋭の機械と装置は最高水準で機能しており、製造する機材に欠陥がないことを保証します。厳格な仕様と慎重な試作品テストに支えられた、こうした種類の高品質の製造工程は、当社の生産物の価値を高め、顧客が倉庫を最高の在庫で満たすことに貢献しています。当社は信頼できる宅配業者と下請け契約を結んでおり、その業者がすべての貨物の搬送を担当しています。

★ ① ☐ **plant** [plǽnt]　名 工場
　　○ factory も同意で使う。なお、plant には「(観葉) 植物」の意味もあり、Part 1 などでは要注意。

★ ② ☐ **research & development (R&D)**　研究・開発
　　○ research が「研究」、development が「開発」。

　③ ☐ **laboratory** [lǽbərətɔ̀:ri]　名 研究所；実験室

★ ④ ☐ **innovation** [ìnəvéiʃən]　名 (技術) 革新；新機軸

★ ⑤ ☐ **facility** [fəsíləti]　名 施設；設備
　　○ cooking **facilities** (料理設備)、parking **facilities** (駐車施設)

　⑥ ☐ **machinery** [məʃí:nəri]　名 (集合的に) 機械類
　　○ 不可算名詞。個別の「機械」は machine。

176

- ★ ⑦ □ **equipment** [ikwípmənt]　名 機器；装置
  - ○ 不可算名詞。office **equipment**（オフィス機器）
- ★ ⑧ □ **function** [fʌ́ŋkʃən]　名 機能
- ★ ⑨ □ **material** [mətíəriəl]　名 材料；原料；機材
- ⑩ □ **defect** [díːfekt]　名 欠陥；不具合
  - ○ fault、flaw、imperfection などが類語。「欠陥品」は lemon と呼ぶことがある。
- ★ ⑪ □ **quality** [kwáləti]　名 (品) 質
- ★ ⑫ □ **manufacturing** [mæ̀njufǽktʃəriŋ]　名 製造（業）
- ★ ⑬ □ **specifications** [spèsəfikéiʃənz]　名 (通例、複数) 仕様 (書)
- ⑭ □ **prototype** [próutoutàip]　名 試作品
  - ○ mock-up は「実物大模型」。
- ⑮ □ **output** [áutpùt]　名 生産高；産出量；生産物
- ⑯ □ **storehouse** [stɔ́ːrhàus]　名 倉庫
  - ○ warehouse とも言う。
- ★ ⑰ □ **inventory** [ínvəntɔ̀ːri]　名 在庫
  - ○ stock とも言う。
- ⑱ □ **subcontract** [sʌbkɑ́ntrækt]　他 下請けに出す　名 下請け（契約）
- ★ ⑲ □ **courier** [kə́ːriər]　名 宅配業者；宅配便
- ★ ⑳ □ **shipping** [ʃípiŋ]　名 配送；出荷
  - ○ ship（配送する；出荷する）
- ㉑ □ **cargo** [kɑ́ːrgou]　名 貨物
  - ○ freight、load なども同意で使う。

ビジネス語

Sentence 1

The ²²**procurement** of the ²³**fabric** is possible only after we are notified by the ²⁴**supplier** of proof of ²⁵**purchase**.

その生地の調達は、我々が供給業者から購入証明を通知されてから可能となる。

- ²² ☐ **procurement** [proukjúərmənt]　名 調達　○ procure（調達する）
- ²³ ☐ **fabric** [fǽbrik]　名 繊維；布地　○ apparel（衣料品）
- ²⁴ ☐ **supplier** [səpláiər]　名 供給業者；サプライヤー
  - ○ vendor も同様の意味で使う。
- ★ ²⁵ ☐ **purchase** [pə́:rtʃəs]　名 購入；購買　他 購入する

Sentence 2

Every ²⁶**component** of the ²⁷**device** is carefully inspected along our ²⁸**assembly** line.

その装置のすべての部品は、組み立てラインの流れの中で注意深く検査される。

- ²⁶ ☐ **component** [kəmpóunənt]　名 部品　○ part も「部品」の意。
- ★ ²⁷ ☐ **device** [diváis]　名 機器；装置
  - ○ alarm **devices**（警報機器）、control **devices**（制御装置）。「手段」「工夫」「策略」の意味もある。
- ²⁸ ☐ **assembly** [əsémbli]　名 組み立て　○「集会；会合」の意味もある。

Sentence 3

We carry ²⁹**appliances** and ³⁰**gadgets** to fit every budget.

当社は、どんな予算にも合う電気製品と小型機器を取りそろえています。

- ★ ²⁹ ☐ **appliance** [əpláiəns]　名 電気製品；器具
  - ○「電気製品」は electric **appliance** とも言う。
- ³⁰ ☐ **gadget** [gǽdʒit]　名 小型の最先端機器；ガジェット
  - ○ スマートフォンや iPad などが典型例。

❽ マーケティング・販売 Marketing & Sales

マーケティングと販売はオフィス会話でも話題になりやすいジャンルです。キーワードを押さえましょう。

Passage

CD-2 Track 15

We have hired an ①**ad agency** to take over the ②**branding** and all of our retail and ③**trade show** ④**campaigns** to improve our product ⑤**recognition**. They have already done extensive research to determine our ⑥**market share** and where we stand with our ⑦**competitors**. Hopefully we can find our ⑧**niche** in the market and increase our ⑨**profit margin**. Today they have sent a representative to an ⑩**exhibition** to hand out ⑪**questionnaires** and gather ⑫**statistics** from the ⑬**respondents** about how they feel about our ⑭**merchandise**.

我々は、当社製品の認知度を高めるために、ブランド構築業務とすべての小売りおよび見本市キャンペーンを引き継ぐ広告代理店を採用しました。彼らはすでに、当社の市場占有率とライバル企業との競合関係を明らかにする広範な調査を行っています。願わくば、我々は市場のすきまを見つけ、利益幅を拡大できればと思います。今日、彼らは展示会に代表者を送り、アンケートを配布して、回答者から当社製品がどう思われているかの統計データを集めています。

ビジネス語

① ☐ **ad agency** 広告代理店

② ☐ **branding** [brǽndiŋ] 名 ブランド構築；ブランディング

★③ ☐ **trade show** 見本市；展示会

★④ ☐ **campaign** [kæmpéin] 名 販売促進キャンペーン
  ◎ campaign は目的を達成するための組織的行動を指す。「選挙活動」や「軍事行動」にも使う。

⑤ ☐ **recognition** [rèkəgníʃən] 名 認知；評価

⑥ ☐ **market share** 市場占有率；マーケットシェア

★⑦ ☐ **competitor** [kəmpétətər] 名 競合他社；競争相手

⑧ □ **niche** [nítʃ | níʃ]　名 すきま市場；ニッチ市場
　○ もともとは、彫像や装飾品を置くための壁のくぼみのこと。

⑨ □ **profit margin**　利益幅

★ ⑩ □ **exhibition** [èksəbíʃən]　名（商品などの）展示会；（美術品などの）展覧会

★ ⑪ □ **questionnaire** [kwèstʃənέər]　名 アンケート

★ ⑫ □ **statistics** [stətístiks]　名 統計（データ）

⑬ □ **respondent** [rispándənt]　名（アンケートなどの）回答者

★ ⑭ □ **merchandise** [mə́ːrtʃəndàiz]　名（集合的に）商品；製品
　○ 不可算名詞。goods や products などと同様の意味で使う。動詞として使えば「売買する」。merchandize ともつづる。

CD-2 Track 16

Sentence 1

To talk to ⑮**customer service** or a ⑯**sales representative**, please dial our ⑰**toll-free number**.

顧客サービス担当者または販売担当者とお話になるには、当社の無料電話番号をご利用ください。

★ ⑮ □ **customer service**　顧客サービス
　○ account service とも言う。

★ ⑯ □ **sales representative**　販売担当者

⑰ □ **toll-free number**　無料電話番号；フリーダイヤル
　○ toll は「料金」の意。-free は「〜を免れて」の意で使う。a nuclear-free nation なら「核に依存しない国」。

Sentence-2

Our reliable ⑱**distribution** ⑲**outlet** makes it easier for ⑳**retail** and ㉑**wholesale** ㉒**vendors** to get our ㉓**luxury** ㉔**commerce** to ㉕**consumers**.

当社の信頼できる販売窓口を利用すれば、小売業者や卸売業者は、当社の消費者向け高級品取引を容易に利用できます。

★ ⑱ □ **distribution** [dìstrəbjúːʃən]　名 販売；流通

⑲ □ **outlet** [áutlet]　名 販売店；直販店
　○「(電気の) コンセント」「排水口」などの意味もある。

★ ⑳ □ **retail** [ríːteil]　形 小売りの　名 小売り

★ ㉑ □ **wholesale** [hóulsèil]　形 卸売りの　名 卸売り

㉒ □ **vendor** [véndər]　名 納入業者；ベンダー

★ ㉓ □ **luxury** [lʌ́kʃəri]　形 高級な；豪華な　名 高級；豪華

㉔ □ **commerce** [káməːrs]　名 商取引

★ ㉕ □ **consumer** [kənsúːmər]　名 消費者　○ consume (消費する)

Sentence-3

The group handed out ㉖**leaflets** and ㉗**brochures** at the ㉘**demonstration** and held a ㉙**press conference**.

そのグループは、デモ宣伝でちらしとパンフレットを配布するとともに、記者会見を実施した。

㉖ □ **leaflet** [líːflit]　名 ちらし；小冊子；リーフレット
　○ flyer も「ちらし」の意味で使う。

★ ㉗ □ **brochure** [brouʃúər]　名 パンフレット；案内冊子

㉘ □ **demonstration** [dèmənstréiʃən]　名 実演；実物説明
　○「示威行動」のデモの意味もある。

㉙ □ **press conference**　記者会見
　○ press release (報道発表；プレスリリース)、publicity (宣伝記事)

❾ ショッピング　Shopping

ショッピングの基本語は TOEIC でも大切です。覚えておけば、海外旅行でも重宝します。

CD-2 Track 17

Passage

Hello, shoppers. As you ①**browse** our store today be sure to check out our ②**discounted** and ③**bargain** items that are all ④**marked down** an additional 40 percent. Further savings can be had if you present a ⑤**rebate** ⑥**voucher** or ⑦**loyalty card** to the ⑧**shop clerk** when you ⑨**check out**. Sales items can also be ⑩**returned** for a ⑪**refund**, but only if they are not ⑫**out-of-stock** items.

お買い物中の皆様、こんにちは。皆様が本日、当店をごらんいただくときには、ディスカウント商品やセール商品がすべてさらに 40 パーセント値引きされていることにぜひご注目ください。お支払いの際に、キャッシュバック・バウチャーまたはお客様カードを店員にご提示いただければ、さらにお安くいたします。セール商品も返品して払い戻しできますが、在庫切れ商品でない場合に限らせていただきます。

---

① ☐ **browse** [bráuz]　自 (店内で商品を) 見て回る　他 閲覧する；(ネットで) ブラウズする

★② ☐ **discount** [dískaunt | -´-]　他 割引する　名 割引；ディスカウント

★③ ☐ **bargain** [báːrɡən]　名 安売り；セール；お買い得品
　　○ 動詞として使えば「(値段を) 交渉して決める」の意。

★④ ☐ **mark down**　～を値下げする　○ mark up (～を値上げする)

⑤ ☐ **rebate** [ríːbeit]　名 (代金の一部の) 払い戻し　他 払い戻す
　　○ 日本での「キャッシュバック」に相当する。日本語の「リベート」に当たるのは kickback である。

⑥ ☐ **voucher** [váutʃər]　名 割引券；引換券；バウチャー
　　○ ディスカウントや商品への引き換えが受けられる券のこと。ホテルの予約証明書も voucher と呼ぶ。なお、雑誌などのページに付いていて、切り取って割引に利用するのは coupon と言う。

⑦ □ **loyalty card** お客様カード　○ loyalty は「ご愛顧」の意味。

★ ⑧ □ **shop clerk** 店員

★ ⑨ □ **check out** 支払いをする
○「(ホテルで) チェックアウトする」「(図書館で本を) 貸し出す」ときにも使う。「レジ係」は cashier と呼ぶ。なお、check out には「調べる」の意味もある。

★ ⑩ □ **return** [ritə́ːrn]　名 返品　他 返品する
○ お店で「交換；交換する」は replace を使う。

★ ⑪ □ **refund** [rifʌ́nd]　名 返金　他 返金する

★ ⑫ □ **out of stock** 在庫が切れて
○ 例文では、名詞を修飾するので、ハイフンでつないでいる。in stock (在庫があって)。

CD-2 Track 18

Sentence 1

This is to inform you of the ⑬**delivery** date of your item on ⑭**back order**.

これはお客様の取り寄せ注文品の配送日をお知らせするものです。

★ ⑬ □ **delivery** [dilívəri]　名 配送；配達　○ deliver (配送する)

⑭ □ **back order** 取り寄せ注文；入荷待ち

Sentence 2

I only have two more ⑮**installment payments** left on my credit card bill.

私のクレジットカードの請求書にはあと2回の分割払いが残っているだけだ。

★ ⑮ □ **installment payments** 分割払い
○ installment は「複数の支払いの1回分」。「分割払いする」と動詞で使うときは pay in installments とする。「1回払い」は one lump-sum payment と言う。

ビジネス語

Sentence-3

Don't forget to visit the ⁽¹⁶⁾**produce section** of our ⁽¹⁷⁾**grocery store**.

私どもの食料雑貨店の青果コーナーにお立ち寄りになるのをお忘れなく。

⑯ ☐ **produce section**　青果売り場

⑰ ☐ **grocery store**　食料雑貨店

Sentence-4

What is your credit card's ⁽¹⁸⁾**expiration date**?

あなたのクレジットカードの有効期限はいつですか。

★ ⑱ ☐ **expiration date**　有効期限
- expire は「期限が切れる」という意味の動詞。

Sentence-5

Please enter your ⁽¹⁹⁾**PIN** now.

それではお客様の暗証番号を入力してください。

⑲ ☐ **PIN (Personal Identification Number)**　暗証番号
- PIN number とも言う。

Sentence-6

There's a two-year ⁽²⁰⁾**warranty** on the item.

この製品には2年間の保証があります。

★ ⑳ ☐ **warranty** [wɔ́ːrənti]　名 保証（書）　● warrant（保証する）

Sentence 7

Where is the [21]**fitting room**?

試着室はどこですか。

[21] □ **fitting room** 試着室

スーパーの売り場

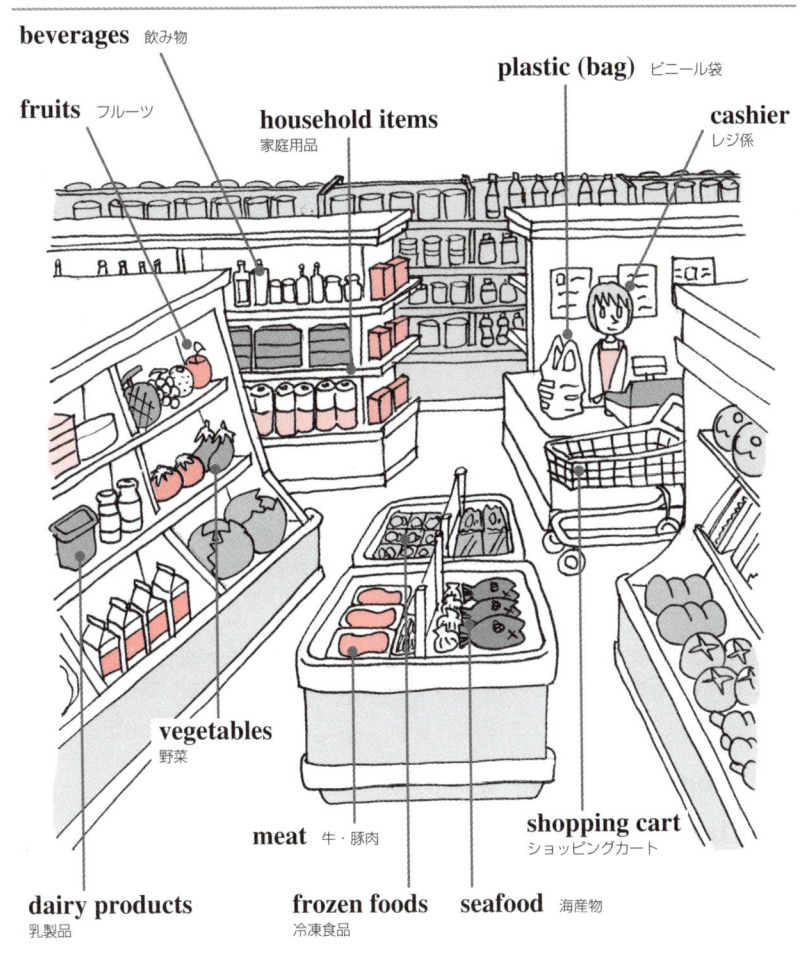

beverages 飲み物

fruits フルーツ

household items 家庭用品

plastic (bag) ビニール袋

cashier レジ係

vegetables 野菜

meat 牛・豚肉

shopping cart ショッピングカート

dairy products 乳製品

frozen foods 冷凍食品

seafood 海産物

ビジネス語

❿ 取引・契約　Deals & Contracts

法律関連の言葉は基本語だけで十分です。高度な法律語が求められることはありません。

Passage　CD-2 Track 19

This Employment ①**Contract** will ②**take effect** on January 4 as long as the ③**parties concerned** agree to the ④**terms and conditions** below:

1. Duties:

The Employee must ⑤**fulfill** the duties that Employer ⑥**deems** necessary to the best of his or her abilities and the interests of the Company. Failure to do so will ⑦**violate** this Contract and will result in the Employee being ⑧**terminated**.

2. Payment:

The Salary and/or ⑨**royalties** will be ⑩**negotiable** between the Employer and Employee.

If these terms are agreeable, please put your ⑪**signature** or ⑫**seal** below.

本雇用契約は、当事者が下記の条件に同意するかぎり、1月4日より効力を発揮する。

1. 業務

被雇用者は、雇用者が必要と見なす業務をその能力の最大限を発揮して、会社の利益のために実行しなければならない。これを怠ることは本契約に違反し、結果として被雇用者の待遇を終了することになる。

2. 報酬

給与および／またはロイヤルティは雇用者と被雇用者の間で交渉可能とする。これら条件が合意できるものであるなら、以下に署名または捺印をしてください。

★ ① ☐ **contract** [kάntrækt]　名 契約（書）

★ ② ☐ **take effect**　発効する；効力を発揮する

③ ☐ **party concerned**　関係者；当事者
- 法律では関係する人・法人を示すのに party を使う。concerned は「関係した」の意。party interested とすることもある。関係者が複数の場合には parties とする。

★ ④ ☐ **terms and conditions**　条件
　　・terms と conditions のどちらも「条件」の意味。

⑤ ☐ **fulfill** [fulfíl]　他 履行する；実行する

⑥ ☐ **deem** [dí:m]　他 〜とみなす

⑦ ☐ **violate** [váiəlèit]　他（契約条項などに）違反する　・violation（違反）

⑧ ☐ **terminate** [tə́ːrmənèit]　他（契約などを）終了する

⑨ ☐ **royalty** [rɔ́iəlti]　名（著作権などの）使用料；（出版物などの）印税；ロイヤルティ
　　・royalty には「王位；王族」の意味もある。loyalty（忠誠；信義）とまぎらわしいので注意。

★ ⑩ ☐ **negotiable** [nigóuʃiəbl]　形 交渉が可能である

★ ⑪ ☐ **signature** [sígnətʃər]　名 署名；サイン
　　・動詞で「署名する」には sign を使う。signature は契約書や公式文書の署名に使い、「有名人や作家のサイン」は autograph と言う。

⑫ ☐ **seal** [síːl]　名 捺印　他 捺印する

Sentence-1　　　　　　　　　　　　　　　　　　　CD-2 Track 20

I agree to pay the ⑬**fees** on the ⑭**quotation** so please send an ⑮**invoice** when you've finished the work.

私は見積書の料金を支払うことに同意しますので、作業が終わったら、請求書を送付してください。

★ ⑬ ☐ **fee** [fíː]　名 料金

★ ⑭ ☐ **quotation** [kwoutéiʃən]　名 見積（書）　・estimate とも言う。

★ ⑮ ☐ **invoice** [ínvɔis]　名 請求書；インボイス
　　・「請求書」には bill という言い方もある。invoice は請求の内訳が細かくリスト化されているのが普通。

Sentence-2

Mr. James ⑯**sued** on behalf of himself and his ⑰**counterparts** over the ⑱**intellectual property rights** infringement and it went to ⑲**trial**.

ジェームズ氏は、知的所有権侵害をめぐり自身および同様の立場の者を代表して訴えを起こし、裁判となった。

⑯ □ **sue** [súː]　自（裁判所に）訴えを起こす　他 〜を訴える

⑰ □ **counterpart** [káuntərpɑ̀ːrt]　名（別の組織で）対応する人；同等の人
- こちらの営業部長に対して、先方の会社の営業部長は counterpart である。

⑱ □ **intellectual property rights**　知的所有権
- 略語で IPR とも言う。

⑲ □ **trial** [tráiəl]　名 裁判
- 「裁判」は他に、lawsuit、suit、litigation などいくつかの言い方がある。単に case と言うことも。なお、「裁判所」は court と呼ぶ。

Sentence-3

The two parties agreed to the ⑳**deal** and signed the contract this morning.

両者は今朝、取引に合意し、契約書にサインをした。

★ ⑳ □ **deal** [díːl]　名 取引；契約
- It's a (done) **deal**. は「（これで）取引成立だ」と言うときの決まり文句。

⓫ 空港・機内　Airport & Plane

飛行機の利用はTOEIC頻出テーマの1つです。決まった言いまわしが多いので、しっかり覚えましょう。

CD-2 Track 21

Passage

We will be ready for ①**departure** as soon as a few more ②**passengers** have finished ③**boarding**. Please make sure that your seats are in the ④**upright position** and your ⑤**personal belongings** are placed under the seat in front of you. Our ⑥**crew** will make sure all ⑦**baggage** is secured in the ⑧**overhead racks**. When we reach our cruising ⑨**altitude**, we will be serving ⑩**refreshments**. We expect light ⑪**turbulence** today so please keep your seatbelts ⑫**fastened** at all times when seated.

あと数人のお客様が搭乗されますとすぐに、当機は出発となります。お客様の座席がまっすぐであること、手荷物が前の座席の下に置かれていることをご確認ください。乗務員は、すべての荷物が荷物棚に収められているかどうかを確認いたします。巡航高度に達しましたら、軽い飲食物をお出しします。今日は軽い揺れが予想されますので、座席におつきのときは常にシートベルトをお締めいただくようお願いいたします。

★ ① ☐ **departure** [dipá:rtʃər]　名 出発
　　○ **departure** lounge（出発ラウンジ）、**departure** time（出発時刻）。「到着」は arrival。

★ ② ☐ **passenger** [pǽsəndʒər]　名 乗客

★ ③ ☐ **board** [bɔ́:rd]　自他 搭乗する　○ **boarding** pass（搭乗券）

★ ④ ☐ **upright position**　（座席が）直立の正位置

　⑤ ☐ **personal belongings**　所持品；身の回り品

　⑥ ☐ **crew** [krú:]　名 乗務員；クルー
　　○ flight attendant（客室乗務員；フライトアテンダント）

- ★ ⑦ □ **baggage** [bǽgidʒ]　名 荷物
    - checked **baggage**（預け入れ荷物）、carry-on **baggage**（機内持ち込み手荷物）。luggage も同様の意味で使う。

- ⑧ □ **overhead racks**　手荷物入れ
    - overhead compartments とも言う。

- ★ ⑨ □ **altitude** [ǽltətjùːd]　名（飛行機などの）高度
    - cruising **altitude**（巡航高度）

- ⑩ □ **refreshments** [rifréʃmənts]　名（通例、複数）軽い飲食物

- ★ ⑪ □ **turbulence** [tə́ːrbjuləns]　名 揺れ；乱気流

- ★ ⑫ □ **fasten** [fǽsn]　他 締める
    - **fasten** a seatbelt（シートベルトを締める）

CD-2 Track 22

Sentence-1

After walking through the ⑬**quarantine** area, you will have to go through ⑭**immigration** and ⑮**customs** and ⑯**declare** your goods.

検疫区域を通過した後、入国審査、税関と進んで、物品を申告してください。

- ⑬ □ **quarantine** [kwɔ́ːrəntìːn]　名 検疫

- ★ ⑭ □ **immigration** [ìməgréiʃən]　名 出入国管理［審査］

- ★ ⑮ □ **customs** [kʌ́stəmz]　名 税関
    - **customs** declaration form（税関申告書）

- ★ ⑯ □ **declare** [diklɛ́ər]　他（税関で）申告する

Sentence 2

We will soon be ⑰**landing**, so our in-flight ⑱**duty-free shop** will close.

まもなく着陸態勢に入りますので、機内の免税販売は終了いたします。

★ ⑰ □ **land** [lænd]　自 着陸する
　　○ touch down とも言う。「離陸する」は take off。

⑱ □ **duty-free shop**　免税店

Sentence 3

I would like an ⑲**aisle seat**, please.

通路側の席をお願いします。

⑲ □ **aisle seat**　通路側の席
　　○ aisle [áil] の発音に注意。window seat（窓側の席）

Sentence 4

Excuse me, where is the airport ⑳**lost and found**?

すみませんが、空港の遺失物取扱所はどちらですか。

⑳ □ **lost and found**　遺失物取扱所

Sentence 5

I had ㉑**jet lag** for over a week after my vacation.

休暇の後、1週間以上、時差ぼけに悩まされた。

★ ㉑ □ **jet lag**　時差ぼけ
　　○「時差」は time difference と言う。

⑫ 旅行・レジャー　Travel & Leisure

itinerary（旅行計画）など旅行の必須語のほか、余暇・レジャーの基本語も紹介します。

Passage　　　　　　　　　　　　　　　　　　CD-2 Track 23

We would like to welcome all visitors from ①**out of town** aboard our ②**sightseeing** ③**cruise**. I hope you enjoy this ④**excursion** and the ⑤**accommodations** aboard the ship. We will have a two-day ⑥**voyage** to our ⑦**destination**. There, we will have excursions to ⑧**heritage** sites with famous ⑨**statues**, various ⑩**attractions** and do some ⑪**souvenir** shopping. We will also go to a spa ⑫**retreat** to relax.

遠方よりお越しの皆様、私どもの観光クルーズにご参加いただきありがとうございます。この遊覧ツアーとこの船の宿泊施設をお楽しみいただければ幸いです。目的地までは2日間の旅程です。そこで私たちは、有名な彫像のある歴史遺産地区とさまざまな名所を回り、お土産の買い物をします。また、ひなびた温泉でゆっくりくつろいでいただけます。

---

① □ **out of town**　市外の [に]；旅行 [出張] 中で

★② □ **sightseeing** [sáitsìːiŋ]　名 観光
　　　○ **sightseeing** spots（観光スポット）、**sightseeing** tour（観光旅行）

③ □ **cruise** [krúːz]　名（船に乗った）遊覧；クルーズ

④ □ **excursion** [ikskə́ːrʒən]　名 小旅行；周遊；遠足

★⑤ □ **accommodations** [əkɑ̀mədéiʃənz]　名（通例、複数）宿泊施設

★⑥ □ **voyage** [vɔ́iidʒ]　名 旅行
　　　○ ある程度長い期間の、特に船旅を指す。journey は期間の長い旅行。travel や trip は一般的に長短関係なく旅行を指す。**Bon voyage**.（よいご旅行を）は旅立つ人にかける決まり文句。

★⑦ □ **destination** [dèstənéiʃən]　名 目的地；旅行先

⑧ □ **heritage** [héritidʒ]　名（文化・自然などの）遺産
　　　○ world **heritage**（世界遺産）

⑨ □ **statue** [stǽtjù:]　名 彫像
　　○ monument（記念碑）、landmark（名所旧跡）

⑩ □ **attraction** [ətrǽkʃən]　名 見どころ；呼び物

★⑪ □ **souvenir** [sù:vəníər]　名 お土産

⑫ □ **retreat** [ritrí:t]　名（旅行でゆったり過ごせる）静かな保養地
　　○ getaway も同様の意味で使う。

CD-2 Track 24

Sentence-1

Maybe we can still get tickets at the ⑬**box office** for the ⑭**painting** and ⑮**sculpture** exhibition today.

今日の絵画・彫刻展の入場券は、まだチケット売り場で購入できるでしょう。

⑬ □ **box office**　チケット売り場
　　○ チケット売り場が箱形だったことから。映画などの「興行収入」の意味でも使う。

⑭ □ **painting** [péintiŋ]　名 絵画
　　○ painter（画家）。portrait（人物画）、still life（静物画）、landscape（風景画）

⑮ □ **sculpture** [skʌ́lptʃər]　名 彫刻
　　○ sculptor（彫刻家）

Sentence-2

Listening to a beautiful ⑯**tune** is my favorite ⑰**pastime**.

美しい曲を聴くことが、私の好きな余暇の過ごし方です。

⑯ □ **tune** [tjú:n]　名 曲；楽曲；旋律

★⑰ □ **pastime** [pǽstàim]　名 余暇の活動
　　○ leisure activity のこと。

ビジネス語

Sentence-3

Please ask the secretary to forward the CEO's ⑱**itinerary** for his trip abroad.

秘書に、CEO の海外出張の計画表を転送してもらうように頼んでください。

★ ⑱ ☐ **itinerary** [aitínərèri]　名 旅行計画；旅程表

Sentence-4

Can you tell me what the bus ⑲**fare** is?

バスの料金はいくらでしょうか。

★ ⑲ ☐ **fare** [féər]　名 (交通機関の) 料金
  ○「料理」の意味でも使う。traditional local **fare**（伝統的な地元料理）

Sentence-5

I waited at the ⑳**embassy** a long time to get my visa.

ビザを取得するため、私は大使館で長い時間待った。

⑳ ☐ **embassy** [émbəsi]　名 大使館
  ○ consulate（領事館）

One-Point Advice 6　Part 7 の単語問題は文脈重視

　Part 7 には、単語問題が毎回 3 問ほど出ます。いずれも、指定された単語の意味に最も近い表現を選択肢から選ぶ設問です。

　ポイントとなるのは、文脈に沿った意味の表現を選ばなければならないことです。類義語を単純に選んではいけないことがあるので、注意してください。ターゲットになる単語は基礎的なものが多いので、前後を読めば意味を推測するのは難しくありません。

⓭ 交通　Traffic

道路情報は Part 4 など、リスニングの頻出テーマです。commute（通勤）などの頻出語をチェックしておきましょう。

Passage

This is Bart Reed with your daily ①**commute** report. It looks like a ②**vehicle** with a ③**flat tire** has caused the Number 3 ④**expressway** to get ⑤**jammed**. The Tucker street onramp is ⑥**under construction**, so I suggest taking a ⑦**short cut** to the expressway at the Elm and Cedar ⑧**intersection**. There are several ⑨**collisions** along highway 5 so I suggest you take ⑩**public transportation** to work today. The ⑪**subway** seems to be running smoothly.

バート・リードがデイリー通勤リポートをお送りします。パンクした自動車が、高速3号線を渋滞させているようです。入り口ランプのタッカー通りは工事中ですので、エルム通りとシーダー通りの交差点から、高速に乗るのが近道です。ハイウェー5号線は数台を巻き込んだ追突事故が発生しており、今日の通勤には公共交通機関を利用するのがいいでしょう。地下鉄は遅延なく走っているようです。

★ ① ☐ **commute** [kəmjúːt]　名 通勤；通学　自 通勤［通学］する

★ ② ☐ **vehicle** [víːkl]　名 車両；乗り物

　③ ☐ **flat tire**　（タイヤの）パンク

　④ ☐ **expressway** [ikspréswèi]　名 高速道路

★ ⑤ ☐ **jammed** [dʒǽmd]　形 渋滞した；混雑した
　　◎ congested も同様の意味で使える。

★ ⑥ ☐ **under construction**　工事中で
　　◎ blocked（通行止め）、men at work（作業中）

　⑦ ☐ **short cut**　近道　◎ detour（迂回路；回り道）、dead end（行き止まり）

　⑧ ☐ **intersection** [ìntərsékʃən]　名 交差点

⑨ □ **collision** [kəlíʒən] 名 衝突（事故） ○ clash も同様の意味で使う。

★ ⑩ □ **public transportation** 公共交通機関

★ ⑪ □ **subway** [sʌ́bwèi] 名 地下鉄
○ イギリスでは underground と言う。なお、イギリスでは subway が、アメリカでは underpass が「地下道」である。

CD-2 Track 26

Sentence-1

He was pulled over for ⑫**speeding**, ignoring the ⑬**traffic signal** and parking in a ⑭**pedestrian** lane.

彼は、スピード違反、信号無視、歩道への駐車で、（警察に）停車を命じられた。

⑫ □ **speeding** [spíːdiŋ] 名 スピード違反
○ illegal parking（駐車違反）、traffic ticket（違反切符）

⑬ □ **traffic signal** 交通信号；信号機 ○ traffic sign（道路標識）

★ ⑭ □ **pedestrian** [pədéstriən] 名 形 歩行者（の） ○ **pedestrian** crossing（横断歩道）

Sentence-2

We are producing automobiles with better ⑮**mileage** and fewer ⑯**emissions**.

当社は、燃費が良く、排出量が少ない自動車を製造しています。

⑮ □ **mileage** [máilidʒ] 名 燃費 ○ 航空会社の「マイレージ」も同じ単語。

⑯ □ **emission** [imíʃən] 名 排出（量）
○ **emission** control（排ガス規制）、carbon dioxide **emissions**（二酸化炭素の排出）

Sentence-3

How much is a ⑰**round-trip** ticket?

往復切符はいくらですか。

★ ⑰ □ **round-trip** [ráund-tríp]　形 往復の
　○ one-way（片道の）。なお、return ticket はアメリカでは「帰りの切符」だが、イギリスでは「往復切符」となる。

Sentence 4

The ⑱**sidewalk** next to the ⑲**parking lot** is being repaved.

駐車場に隣接する歩道は、再舗装工事をしているところです。

⑱ □ **sidewalk** [sáidwɔ̀ːrk]　名（舗装された）歩道
　○ pavement はイギリスでは「歩道」の意味だが、アメリカでは「車道」を指す。

★ ⑲ □ **parking lot**　駐車場　○ イギリスでは car park とも言う。

街の風景

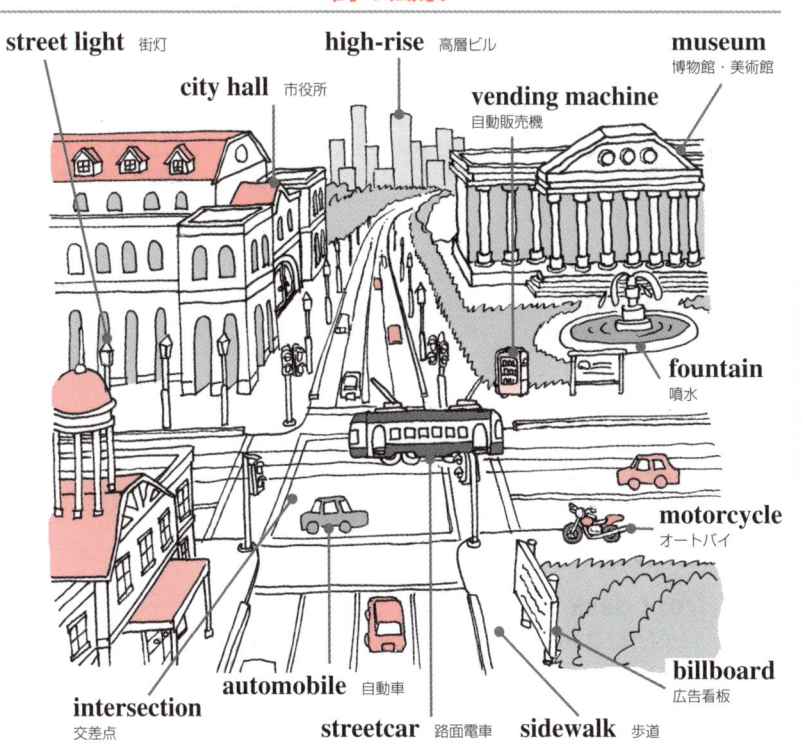

street light 街灯
city hall 市役所
high-rise 高層ビル
museum 博物館・美術館
vending machine 自動販売機
fountain 噴水
motorcycle オートバイ
billboard 広告看板
intersection 交差点
automobile 自動車
streetcar 路面電車
sidewalk 歩道

ビジネス語

⓮ オフィス　Office

オフィスの基本語を紹介します。extension（電話の内線）や colleague（同僚）などは盲点の単語です。

Passage　　　　　　　　　　　　　　　　　　　CD-2 Track 27

We received a memo from the ①**administrative** offices today. There are two items on it: today's ②**fire drill**, and tomorrow's ③**maintenance** plans to check the ④**ventilation**. The drill will take place at 11:00, so please slowly walk down the ⑤**hallway**, past the ⑥**front desk**, and out the building. After the drill, please clean your ⑦**cubicles** and clean out all ⑧**drawers** and ⑨**shelves**, and make sure the ⑩**supply room** is tidy. The ⑪**janitors** will do the rest tonight.

私たちは今日、総務部から回覧を受け取りました。2つの項目があります。今日の火災避難訓練と明日の換気扇点検の保守管理プランです。火災避難訓練は11時に行われますので、廊下をゆっくりと歩き、受付の脇を通り、建物の外に出てください。訓練の後、各自の仕事スペースを掃除し、引き出しと棚を片づけ、備品室が整頓されていることを確認してください。他のことは今夜、用務員がしてくれます。

★ ① ☐ **administrative** [ædmínəstrèitiv]　形 事務（処理）の；管理の
　　◦ administrative staff（事務職員）

② ☐ **fire drill**　火災避難訓練

★ ③ ☐ **maintenance** [méintənəns]　名 保守管理

④ ☐ **ventilation** [vèntəléiʃən]　名 換気装置
　　◦ air conditioner（エアコン）

⑤ ☐ **hallway** [hɔ́:lwèi]　名 廊下；玄関のスペース

★ ⑥ ☐ **front desk**　受付；フロント
　　◦「受付係」は receptionist と言う。

⑦ ☐ **cubicle** [kjú:bikl]　名 仕事スペース
　　◦ パーティションで仕切られた社員個々の業務スペース。アメリカの会社では一般的。

⑧ □ **drawer** [drɔ́ːr]　名 引き出し

⑨ □ **shelf** [ʃélf]　名 棚　○ bookshelf（本棚）

★ ⑩ □ **supply room**　備品室
　　○ supplies で「備品」の意。

★ ⑪ □ **janitor** [dʒǽnətər]　名 用務員

CD-2 Track 28

Sentence 1

Please make sure the ⑫**pantry** in the ⑬**cafeteria** is stocked.

社員食堂の食料庫に買い置きがあるかどうか確認してください。

⑫ □ **pantry** [pǽntri]　名 食料品室；食器室

★ ⑬ □ **cafeteria** [kæfətíəriə]　名 社員食堂
　　○ canteen という言い方もある。

Sentence 2

The ⑭**clerk** and the ⑮**receptionist** must also attend the mandatory gathering in the ⑯**meeting room**.

事務職員と受付係も、会議室で行われる参加必須の集まりには出席をお願いします。

★ ⑭ □ **clerk** [kláːrk]　名 事務職員

★ ⑮ □ **receptionist** [risépʃənist]　名 受付係

⑯ □ **meeting room**　会議室
　　○ conference room とも言う。「テレビ会議」は teleconference や video-conference と言う。

ビジネス語

Sentence-3

When I call my ⑰**colleague**'s ⑱**extension**, all I get is the ⑲**answering machine**.

同僚の内線に電話しても、いつも留守録になっている。

★ ⑰ □ **colleague** [káli:g]　名 同僚（社員）
　○ coworker や fellow worker とも言う。

★ ⑱ □ **extension** [iksténʃən]　名 （電話の）内線

★ ⑲ □ **answering machine**　留守番電話（機能）

オフィス用品

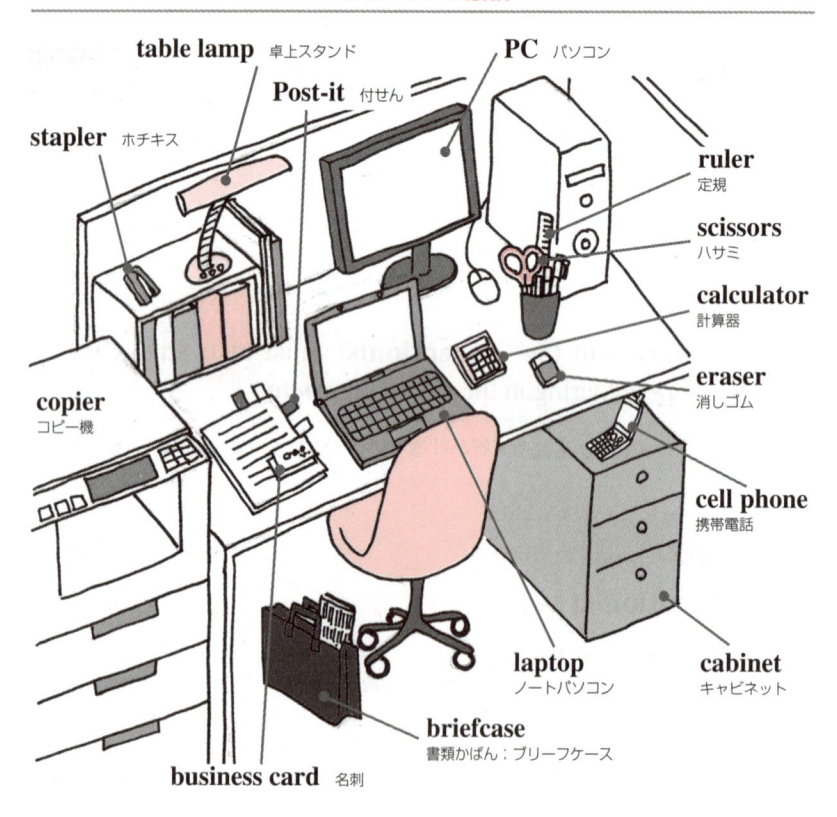

table lamp 卓上スタンド
PC パソコン
Post-it 付せん
stapler ホチキス
ruler 定規
scissors ハサミ
calculator 計算器
copier コピー機
eraser 消しゴム
cell phone 携帯電話
laptop ノートパソコン
cabinet キャビネット
briefcase 書類かばん：ブリーフケース
business card 名刺

⑮ ペーパーワーク　Paperwork

仕事にペーパーワークはつきもの。draft（草稿）、paper jam（コピー機などの紙詰まり）などは頻出語です

Passage　CD-2 Track 29

There is a ①**confidential** ②**memorandum** in ③**circulation** that includes instructions on how to ④**retrieve** company files over the Internet. Please refrain from any ⑤**correspondence** about this with anyone outside the office. After reading it, please sign it, scan it and send it back to us by e-mail ⑥**attachment**. Don't forget that we ⑦**publish** a weekly ⑧**bulletin** as well that includes answers to your questions. We will send an e-mail about it today. Please ⑨**subscribe to** it by ⑩**replying** to the e-mail.

インターネット上での会社のファイル検索法を含む、守秘義務のある回覧が回っているところです。この件については、社外のいかなる人とも通信することを控えてください。読み終えたら、署名して、それをスキャンし、メールの添付書類でこちらに送り返してください。社員の皆さんの質問に答える週刊の社内報が発行されることもお忘れなく。本日、この件についてのメールを送ります。そのメールに返信して、購読してください。

---

① □ **confidential** [kànfədénʃəl]　形 秘守義務のある；機密の
　・confidential information（機密情報）

★② □ **memorandum** [mèmərǽndəm]　名 社内回覧（状）；連絡票
　・memo と略すことも。**memorandum** of understanding (MOU) は「(取引の)覚書」のこと。

③ □ **circulation** [sə̀ːrkjuléiʃən]　名 回覧すること；流通；（出版物の）発行部数
　・**in circulation** で「回覧されて」。circular で「回覧状」。

④ □ **retrieve** [ritríːv]　他 検索する；回収する
　・名詞形は retrieval（検索；回収）

⑤ □ **correspondence** [kɔ̀ːrəspándəns]　名 通信；文書のやり取り

★⑥ □ **attachment** [ətǽtʃmənt]　名 添付書類　・attach（添付する）

ビジネス語

★ ⑦ □ **publish** [pÁbliʃ] 他 出版する

★ ⑧ □ **bulletin** [búlitən] 名 社内報；公報   ◦ bulletin board（掲示板）

★ ⑨ □ **subscribe to** ～を定期購読する
   ◦ 契約書などに「（署名して）同意する」という意味もある。subscription（定期購読）。

★ ⑩ □ **reply** [riplái] 自 返信する 名 返信

CD-2 Track 30

Sentence-1

The ⑪**author** asked the ⑫**publisher** to put his ⑬**periodicals** online.

その作家は出版社に、彼の定期刊行物をオンライン化してくれるよう頼んだ。

★ ⑪ □ **author** [ɔ́:θər] 名 作家；著者

⑫ □ **publisher** [pÁbliʃər] 名 出版社

⑬ □ **periodical** [pìəriádikəl] 名 定期刊行物；雑誌

Sentence-2

Please ⑭**proofread** this ⑮**draft** of the ⑯**manuscript** and return it next week.

この原稿の草稿を校正して、来週、返却してください。

⑭ □ **proofread** [prú:frì:d] 他 校正する

★ ⑮ □ **draft** [dræft] 名 草稿；下書き

⑯ □ **manuscript** [mǽnjuskrìpt] 名 原稿

Sentence-3

John will ask the ⑰**printer** to put the new logo for our ⑱**letterhead** on the paper we ordered.

ジョンは、私たちが注文した用紙にレターヘッド用の新しいロゴを入れてくれるよう印刷所に頼むつもりだ。

⑰ □ **printer** [príntər]　名 印刷所　○ プリンターか印刷所かは文脈から見分ける。

⑱ □ **letterhead** [létərhèd]　名 レターヘッド
　　○ 便せん(stationery)の上部に印刷された社名(個人名)とその住所を指す。レターヘッドのある便せんを指すこともある。

Sentence-4

The next ⑲**edition** of the book is currently being printed.

その本の新版は現在、印刷中である。

⑲ □ **edition** [idíʃən]　名（本などの）版

Sentence-5

You must have a teaching ⑳**certificate** to work here.

ここで働くには、教員免許が必要です。

⑳ □ **certificate** [sərtífikət]　名 証明書；免許証

Sentence-6

I tried to copy the document but the ㉑**copier** had a ㉒**paper jam**.

私は書類をコピーしようとしたが、コピー機は紙詰まりだった。

★ ㉑ □ **copier** [kápiər]　名 コピー機　○ photocopier と言うことも。

★ ㉒ □ **paper jam**　紙詰まり

⓰ イベント Event

パーティーの招待状は、Part 7 でよくお目にかかる素材です。イベントの基本語も覚えておきましょう。

Passage

I'd like you to be in charge of the ①**invitations** that we'll send to the ②**alumni** for the ③**reunion**. It will be a big ④**celebration** and I've reserved the ⑤**ballroom** and have hired the best ⑥**catering service** in town. I would also like to have contests, so we can give ⑦**prizes** to the ⑧**attendees**. Please include on the invitation that the ⑨**attire** is casual, and ask them to send their ⑩**RSVP**s before March 1.

同窓会の開催につき同窓生に送付する招待状をあなたにお願いしたいと思います。大きなお祝いの行事になりそうなので、私はダンスホールを予約し、町で最高のケータリングサービス業者を雇いました。また、コンテストを行いたいと思っており、出席者には賞品を出します。服装はカジュアルであることを招待状に加えていただき、3月1日までに招待状への返事を送付してもらうよう同窓生の皆さんにお願いしてください。

★① □ **invitation** [ìnvətéiʃən]　名 招待（状）

② □ **alumni** [əlʌ́mnai]　名（複数）同窓生
　○ 単数形は、alumnus（男性の同窓生）と alumna（女性の同窓生）。

③ □ **reunion** [rì:jú:njən]　名 再会；同窓会

★④ □ **celebration** [sèləbréiʃən]　名 祝賀（会）；お祝い

⑤ □ **ballroom** [bɔ́:lrù:m]　名 ダンスホール

★⑥ □ **catering service**　仕出しサービス；ケータリングサービス

⑦ □ **prize** [práiz]　名 賞；賞品；賞金

★⑧ □ **attendee** [ətèndí:]　名 出席者

⑨ □ **attire** [ətáiər]　名 服装　○ formal **attire**（正装）

★ ⑩ □ **RSVP**　お返事ください（= Please reply.）；出欠の返事
　　○ 招待状の最後に書く決まり文句。フランス語の Répondez s'il vous plaît. の略。

Sentence 1

The ⑪**audience** broke out into ⑫**applause** when George received his ⑬**award** during the ⑭**ceremony**.

セレモニーでジョージが賞を授与されたとき、観客はいっせいに拍手喝采した。

⑪ □ **audience** [ɔ́ːdiəns]　名 観客；聴衆

★ ⑫ □ **applause** [əplɔ́ːz]　名 拍手して称えること；賛美
　　○ 「拍手」そのものは clapping と言う。

★ ⑬ □ **award** [əwɔ́ːrd]　名 賞；賞品；賞金　他 授与する
　　○ Academy **Award**（アカデミー賞）

★ ⑭ □ **ceremony** [sérəmòuni]　名 式典；セレモニー

Sentence 2

I'd like to offer my ⑮**congratulations** on your ⑯**anniversary** with a ⑰**toast**.

御社の創立記念日を祝して乾杯したいと思います。

★ ⑮ □ **congratulation** [kəngrætʃuléiʃən]　名 祝うこと；お祝い
　　○ 「おめでとう！」と言う場合には、Congratulations! と複数形を使う。

★ ⑯ □ **anniversary** [æ̀nəvə́ːrsəri]　名 （創立）記念日

⑰ □ **toast** [tóust]　名 乾杯；乾杯の挨拶 ［音頭］
　　○ make a **toast**（乾杯の音頭を取る）

Sentence-3

The evening ⑱**reception** will be held in the hotel.

晩餐会は、そのホテルで開かれます。

★ ⑱ ☐ **reception** [risépʃən]　名 歓迎会；(結婚) 披露宴；レセプション
　　○「受付」の意味でもよく使う。また、書類などの「受理」、「承認」などの意味もある多義語である。

Sentence-4

Ms. Lew will be ⑲**greeting** the guests at the reception desk during the event at the ⑳**banquet** hall.

宴会場で行われるそのイベントで、リュウさんはフロントで来賓を出迎えます。

⑲ ☐ **greet** [gríːt]　他 挨拶する；出迎える

★ ⑳ ☐ **banquet** [bǽŋkwit]　名 宴会；晩餐会

One-Point Advice 7　言い換えに慣れよう

　Part 3 の会話問題、Part 4 のアナウンス問題、Part 7 の読解問題では、問題文（スクリプト）の表現が、正解選択肢でそのまま使われず言い換えられていることがよくあります。

　問題文では 20 years なのが、正解選択肢では two decades になっているのが簡単な例です。他にも、put off（延期する）→ reschedule（スケジュールを再調整する）、traffic jam（交通渋滞）→ congestion（混雑）など、さまざまな言い換えがなされます。

　言い換えには類義語が使われることも多いので、本書収録の類義語も参考にしてください。

⑰ 健康・医療 Health & Medical Care

ビジネスパーソンはやはりカラダが資本。健康診断、病欠などのシーンで使われる基本語を知っておきましょう

CD-2 Track 33

Passage

If you're an older individual who is living on a ①**pension**, it's essential that you choose an ②**insurance** plan that has the best ③**coverage** for you, your ④**spouse** and ⑤**dependents**. If you have a sudden ⑥**illness** or ⑦**injury**, you want a plan that will cover the costs for an ⑧**ambulance** ride. We offer low ⑨**premiums** even if you are ⑩**hospitalized**, and cover most ⑪**checkup**, ⑫**diagnosis**, ⑬**treatment** and ⑭**medication** costs. Don't wait till you have a ⑮**symptom** to sign up; do it while you are still ⑯**in good shape**.

もしあなたが年金で生活している高齢者なら、自分と配偶者、扶養家族を最大限に補償する保険プランを選ぶことが重要です。突然の病気や怪我のときには、救急車の費用を補償するプランが必要になります。当社が提供するのは、あなたが入院中であっても安価な掛け金で済み、健康診断、診断、治療、薬のほとんどの費用を補償するものです。病状が現れるのを待つことなく、健康なうちにお申し込みください。

★ ① ☐ **pension** [pénʃən]　名 年金
　○ 英語では普通、ペンション（簡易旅館）の意味では使わない。

★ ② ☐ **insurance** [inʃúərəns]　名 保険；（必要時に支払われる）保険金
　○ **insurance** policy（保険契約）。保険金の「受取人」は beneficiary と言う。

③ ☐ **coverage** [kʌ́vərɪdʒ]　名 （保険の）補償範囲

④ ☐ **spouse** [spáus]　名 配偶者

⑤ ☐ **dependent** [dipéndənt]　名 扶養家族

⑥ ☐ **illness** [ílnis]　名 病気　○ sickness や disease も「病気」を表す。

⑦ ☐ **injury** [índʒəri]　名 怪我
　○ wound は「傷」の意。bruise（打撲）、cut（切り傷）、scratch（擦り傷）

⑧ □ **ambulance** [ǽmbjuləns]　名 救急車
　　○ ambulance car だが、単に ambulance とも言う。

★⑨ □ **premium** [príːmiəm]　名 掛け金；（毎月の）保険料

★⑩ □ **hospitalize** [háspitəlàiz]　他 入院させる
　　○「入院している」と言う場合は受け身で使う。

⑪ □ **checkup** [tʃékʌ̀p]　名 健康診断　○ medical **checkup** などとも言う。

★⑫ □ **diagnosis** [dàiəgnóusis]　名 診断

⑬ □ **treatment** [tríːtmənt]　名 治療　○ operation（手術）

★⑭ □ **medication** [mèdəkéiʃən]　名 医薬品

★⑮ □ **symptom** [símptəm]　名 症状；兆候

★⑯ □ **in good shape**　体調がよくて
　　○ in bad shape（体調が悪くて）。under the weather も「体調が悪い」の意味で使う。

身体の呼び方

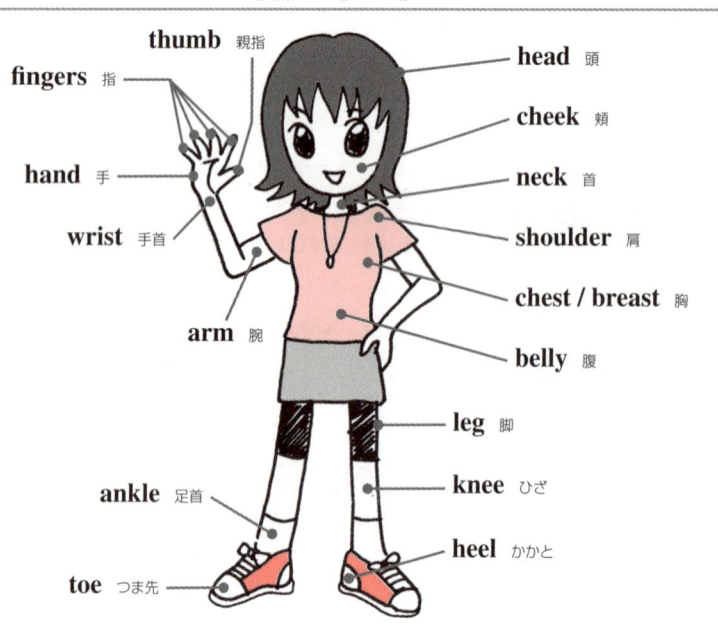

- thumb 親指
- fingers 指
- hand 手
- wrist 手首
- arm 腕
- ankle 足首
- toe つま先
- head 頭
- cheek 頬
- neck 首
- shoulder 肩
- chest / breast 胸
- belly 腹
- leg 脚
- knee ひざ
- heel かかと

Sentence 1

I'm going to the ⑰**pharmacy** to get my ⑱**prescription** filled.

私は薬局に行って、処方せんの薬をもらってきます。

⑰ ☐ **pharmacy** [fáːrməsi]　名 薬局　○ イギリスでは chemist's と言う。

★ ⑱ ☐ **prescription** [priskrípʃən]　名 処方せん
　○ fill a **prescription**（調薬する；処方せんの薬を調合する）

Sentence 2

Carlos was no longer on ⑲**sick leave** and had to ⑳**call in sick** today.

カルロスはもう病気休暇をとっていなかったので、今日は病欠の電話を入れなければならなかった。

⑲ ☐ **sick leave**　病気休暇　○ on **sick leave**（病気休暇中で）

★ ⑳ ☐ **call in sick**　病欠の電話をする

Sentence 3

The ㉑**patient** has body ㉒**aches** and is suffering from the ㉓**flu**, so please give him a ㉔**shot** with one ㉕**dose** of medication.

その患者は身体に痛みがあり、インフルエンザにかかっているので、注射をして1回分の薬を投与してください。

★ ㉑ ☐ **patient** [péiʃənt]　名 患者

㉒ ☐ **ache** [éik]　名 痛み　自 痛む

★ ㉓ ☐ **flu** [flúː]　名 インフルエンザ　○ influenza だが、短縮形を使うことが多い。

㉔ ☐ **shot** [ʃát]　名 注射　○ injection とも言う。

★ ㉕ ☐ **dose** [dóus]　名（薬の1回分の）服用（量）

ビジネス語

18 日常生活　Everyday Life

家庭生活と天気の基本語をまとめて紹介します。ビジネスパーソンの生活については TOEIC でも出題されます。

CD-2 Track 35

Passage

Every ①**household** has modern ②**appliances** that are designed to improve peoples' ③**livelihoods**. But things like ④**washing machines** and ⑤**fridges** can greatly raise the cost of your monthly ⑥**utilities** bill. But there are things you can do to not only cut these costs, but help the ⑦**environment**, too. For example, only wash ⑧**garments** when your ⑨**laundry** basket is full. Also, you can save water by making sure when you turn off the ⑩**tap**, the faucet is tightly closed.

どの家庭も、人々の暮らしを向上させるよう考案された最新の家電製品を持っている。しかし、洗濯機や冷蔵庫のようなものは、毎月の光熱費の請求額を大きく引き上げる。だが、費用を削減するばかりでなく、環境にも優しくするためにできることがある。例えば、洗濯物かごがいっぱいになってから衣類を洗濯するのである。また、水道を止めたときに蛇口がしっかり閉まっているか確認することで、水の節約ができる

★ ① ☐ **household** [háushòuld]　名 家庭；家族　形 家庭の；家族の

★ ② ☐ **appliance** [əpláiəns]　名 家庭用電気製品

③ ☐ **livelihood** [láivlihùd]　名 生計；暮らし

④ ☐ **washing machine**　洗濯機
　　○「乾燥機」は dryer または drying machine。

⑤ ☐ **fridge** [frídʒ]　名 冷蔵庫　○ refrigerator だが、短縮形をよく使う。

⑥ ☐ **utilities** [juːtíləṭiz]　名 光熱費；（電気・水道・ガスなどの）公益事業

★ ⑦ ☐ **environment** [inváiərənmənt]　名 環境

⑧ ☐ **garment** [gáːrmənt]　名 衣料品

★ ⑨ ☐ **laundry** [lɔ́ːndri]　名 洗濯物；洗濯；クリーニング店

⑩ □ **tap** [tǽp]　名 (水道の) 蛇口
　　○ **tap** water (水道水)。faucet も「蛇口」の意味。

Sentence-1　　　　　　　　　　　　　　　　　　　CD-2 Track 36

According to the ⑪**weather report**, there will be ⑫**inclement** weather with a high chance of ⑬**precipitation** and low ⑭**temperatures**.

天気予報によれば、天候は悪化し、降水確率が高く、気温は低くなる。

★ ⑪ □ **weather report**　天気予報　○ weather forecast も同様の意味。

⑫ □ **inclement** [inklémənt]　形 天気が悪い

★ ⑬ □ **precipitation** [prisìpətéiʃən]　名 降水量
　　○ chance of **precipitation** で「降水確率」の意。

★ ⑭ □ **temperature** [témpərətʃər]　名 気温；体温
　　○ thermometer も「温度計」と「体温計」を兼ねる。

天気の表現

　天気予報・気象情報では特徴的な表現が使われます。「最高気温」は highs、「最低気温」は lows と簡略な言い方がされますし、「晴れた」を fine や sunny ばかりでなく、clear、shiny などとも言い、「曇った」は cloudy がおなじみの単語ですが、他にも dark、shady、overcast と言ったりします。「通り雨」は scattered showers で、「大雨」は torrential rain です。「雷」は英語では thunder (雷鳴) と lightning (稲光) に分けて表現します。

weather forecast　天気予報

inclement weather
　悪天候；荒れ模様の天気

warm [cold] front
　温暖 [寒冷] 前線

humidity　湿度

haze　靄；かすみ

earthquake / quake　地震

tsunami　津波

eruption　(火山の) 噴火

avalanche　なだれ

landslide　地すべり；山崩れ

deluge　洪水；豪雨

windy / gale　強風

breeze　微風

Sentence 2

We should cut down on ⑮**pollution** by cutting down our ⑯**trash** and only purchasing ⑰**recyclable** items.

私たちは、ごみを減らし、再生可能なものだけを買うことによって、汚染を低減すべきだ。

- ⑮ ☐ **pollution** [pəlúːʃən] 名 公害；汚染
- ★ ⑯ ☐ **trash** [trǽʃ] 名 ごみ
  - garbage は「生ごみ」を指す。littering は「ごみのポイ捨て」のこと。
- ★ ⑰ ☐ **recyclable** [rìːsáikləbl] 形 再生利用できる

Sentence 3

When there is an ⑱**evacuation**, we have to go to ⑲**city hall**.

避難の際には、私たちは市役所に行くことになっている。

- ⑱ ☐ **evacuation** [ivǽkjuéiʃən] 名 避難 ○ evacuate（避難する）
- ★ ⑲ ☐ **city hall** 市役所 ○ 通例、無冠詞で使う。

Sentence 4

The housekeeper will ⑳**sweep** the floors and ㉑**wipe** the walls.

家政婦が床を掃き、壁を拭きます。

- ⑳ ☐ **sweep** [swíːp] 他 掃く；掃除する
  - 「電気掃除機」は vacuum cleaner だが、単に vacuum と呼ぶことが多い。
- ㉑ ☐ **wipe** [wáip] 他 拭く ○ polish（磨く）

Sentence-5

Small toys should be kept out of the reach of ²²**infants** and ²³**toddlers**.

小さなおもちゃは、乳児や幼児の手の届かないところに置いてください。

㉒ ☐ **infant** [ínfənt]　名 乳児　○ まだ歩けない状態の赤ちゃん。

㉓ ☐ **toddler** [tάdlər]　名 幼児
　　○ よちよち歩きができる幼児。toddle は「よちよち歩く」。

Sentence-6

I want to change the channel but I lost the ²⁴**remote**.

チャンネルを変えたいが、リモコンがどこかにいってしまった。

㉔ ☐ **remote** [rimóut]　名 リモコン
　　○ remote control だが、単に remote と呼ぶことが多い。

ビジネス語

One-Point Advice 8　リスニングに長考は禁物

　リスニング・セクションでは問題の音声は次々と流れてきます。解答時間は Part 1 と 2 では 5 秒、Part 3 と 4 では 8 秒しかありません。つまりあれこれ考えて迷っていると、次の設問が流れてきてしまいます。こうなると、次の設問をうまく聞き取れず、2 問連続で落としてしまうことになりかねません。

　迷った場合も長考をせずに見切りをつけて、可能性が高いと思われる選択肢をマークして、次の設問に備えることが大切です。

⑲ 住居・不動産　Housing & Real Estate

不動産も独特の表現があり、チェックしておくべきジャンルです。建物の各部分の名称は Part 1 で要注意。

CD-2 Track 37

Passage

At Benson's ①**real estate**, we have ②**residences** for sale in the ③**neighborhood** or ④**district** you desire, whether it's in a ⑤**suburb** or in the ⑥**countryside**. Some ⑦**premises** are under ⑧**construction** or ⑨**renovation**, while others are ⑩**furnished** with all ⑪**amenities** and are offered for purchase or ⑫**rent**. If you're looking to buy, we can help find the ⑬**mortgage** that's best suited for you.

ベンソン不動産では、郊外でも田園地方でも、近隣地域やあなたがお望みの地区に販売用の居住物件を用意しています。いくつかの物件は建設または改装中ですが、他の物件はすべての設備を備えて、購入または賃貸用として提供されています。購入されたい場合には、あなたに最適な住宅ローンを見つけるのをお手伝いいたします。

★ ① ☐ **real estate**　不動産
　　　・property は「不動産」のほか、「財産」「資産」など意味範囲が広い。

★ ② ☐ **residence** [rézədəns]　名 住居；居住　・residential（居住用の）

★ ③ ☐ **neighborhood** [néibərhùd]　名 近隣；自宅周辺　・neighbor（隣人）

★ ④ ☐ **district** [dístrikt]　名 地区；行政区分

★ ⑤ ☐ **suburb** [sʌ́bəːrb]　名 郊外

　　⑥ ☐ **countryside** [kʌ́ntrisàid]　名 田舎；田園地方

　　⑦ ☐ **premises** [prémisiz]　名（通例、複数）家屋；敷地

　　⑧ ☐ **construction** [kənstrʌ́kʃən]　名 建設；建築　・construct（建設する）

★ ⑨ ☐ **renovation** [rìnəvéiʃən]　名 改装；リノベーション
　　　・refurbishment も同様の意味。

⑩ □ **furnished** [fɚ́ːrniʃt] 形 家具付きの
　○「家具」は furniture で、不可算名詞であることに注意。

⑪ □ **amenity** [əménəti] 名 生活施設；快適さ；アメニティ

★ ⑫ □ **rent** [rént] 名 (アパートなどの) 賃借料；賃貸

★ ⑬ □ **mortgage** [mɔ́ːrgidʒ] 名 住宅ローン；抵当権
　○ 購入物件に抵当権を設定して借りるローン。なお、「担保」は collateral と言う。

家と部屋

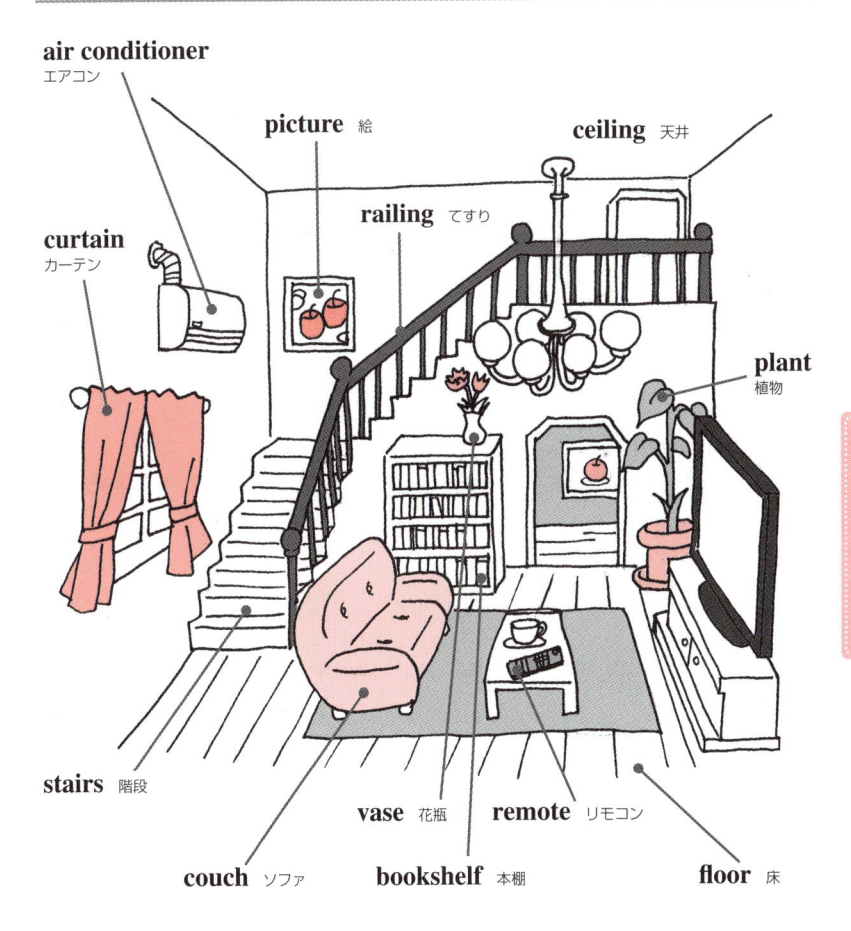

air conditioner エアコン
picture 絵
ceiling 天井
curtain カーテン
railing てすり
plant 植物
stairs 階段
couch ソファ
vase 花瓶
bookshelf 本棚
remote リモコン
floor 床

ビジネス語

Sentence-1

> The ⑭**architecture** of the ⑮**stairs** and ⑯**railings** in that ⑰**mansion** is superb.
>
> その邸宅の階段と手すりの建築様式はすばらしい。

★ ⑭ ☐ **architecture** [á:rkətèktʃər]　名 建築；建築術　◦ architect（建築家）

★ ⑮ ☐ **stairs** [stéərz]　名 階段
　◦ stairs は「階段」そのものを指し、staircase は手すりや壁を含めた「階段の全体」を指す。

★ ⑯ ☐ **railing** [réiliŋ]　名 手すり；（道路の）ガードレール

⑰ ☐ **mansion** [mǽnʃən]　名 大邸宅
　◦ 日本語の「マンション」はアメリカなどでは apartment、イギリスでは flat である。

Sentence-2

> Our home security system includes ⑱**driveway** and ⑲**doorway** alerts.
>
> 当社の家庭用保安システムには、私道と戸口の警戒が含まれています。

⑱ ☐ **driveway** [dráivwèi]　名 私有車道
　◦ 公道から自宅車庫までの私道のこと。日本語の「ドライブウェー」とは意味が違うので注意。

⑲ ☐ **doorway** [dɔ́:rwèi]　名 戸口

Sentence-3

> Someone from maintenance will come by today to fix the ⑳**plumbing**.
>
> 保守管理のスタッフが本日おうかがいして、配管の修理をいたします。

⑳ ☐ **plumbing** [plʌ́miŋ]　名 配管（系統）　◦ plumber（配管工）

⑳ 食事・料理　Eating & Cooking

ビジネスには会食はつきものなので食事の話題は TOEIC でも頻出です。口語的な表現に慣れておきましょう。

CD-2 Track 39

Passage

Let's go over the details for the ladies' ①**luncheon** on Saturday. First, we will have a salad ②**buffet**, along with a variety of ③**appetizers** and two ④**entrées** that the ladies can choose from. We'll also have vegetarian ⑤**cuisine**, and something for those who have a problem with ⑥**dairy products**. We'll serve only non-alcoholic ⑦**beverages**, coffee and tea. I've prepared all the ⑧**kitchenware**, including ⑨**utensils**, and have stocked the ⑩**cupboards** with the ⑪**ingredients** we'll need. We'll ⑫**dine** for two hours, and then I'll make a short presentation.

土曜日の女性のための昼食会について詳しく紹介しましょう。まず、私たちは、サラダ・ビュッフェとともに、さまざまな前菜、2種類の主菜を用意して、女性たちが選べるようにします。また、菜食主義の料理と、乳製品に問題のある方のための料理もそろえます。ノンアルコールの飲み物、コーヒー、紅茶のみが出されます。私は、調理器具を含むすべてのキッチン用品を準備し、私たちが必要とする材料を食器棚に保管しています。2時間かけて食事をして、それから私が短いプレゼンをします。

---

① ☐ **luncheon** [lʌ́ntʃən]　名 昼食会　○ フォーマルな昼食。

★② ☐ **buffet** [bʌ́fit]　名 ビュッフェ・スタイル
　○ 客が好みの料理を選んで、自分で皿にとるスタイルの食事。ホテルの朝食などで一般的。日本でのバイキングに相当。smorgasbord とも呼ぶ。

③ ☐ **appetizer** [ǽpətàizər]　名 前菜
　○ コースで、主菜の前に出される小皿の料理または飲み物。starter とも言う。

④ ☐ **entrée** [á:ntrei]　名 主菜；メインディッシュ
　○ フランス語。main dish、main course と同じ。

★⑤ ☐ **cuisine** [kwizí:n]　名 料理；料理法　○ Japanese **cuisine**（日本食）

★ ⑥ ☐ **dairy product** 乳製品

★ ⑦ ☐ **beverage** [bévəridʒ] 名 飲料

⑧ ☐ **kitchenware** [kítʃənwèər] 名 台所用品

★ ⑨ ☐ **utensil** [juːténsəl] 名 (主に台所の) 用品；器具
- cutlery は「(ナイフ、フォーク、スプーンなどの) 食卓食器類」のこと。Part 1 によく出る。

⑩ ☐ **cupboard** [kʌ́bərd] 名 食器棚　- 発音注意。

★ ⑪ ☐ **ingredient** [ingríːdiənt] 名 (食品・料理の) 材料

★ ⑫ ☐ **dine** [dáin] 自 食事をする；ディナーをとる
- なお、diner には「食事をする人；レストランの客」という意味と、「簡易食堂」「食堂車」という意味がある。

Sentence-1

CD-2 Track 40

I'm busy today so I'll get a ⑬**meal** ⑭**to go** at the ⑮**deli**.

今日は忙しいので、デリで持ち帰りの食べ物を買います。

★ ⑬ ☐ **meal** [míːl] 名 食事；食べ物

★ ⑭ ☐ **to go** 持ち帰りの
- Eat here or **to go**? (店内で食べますか、それともお持ち帰りですか) はファストフード店での決まり文句。take out も「持ち帰る」の意味。

⑮ ☐ **deli** [déli] 名 デリカテッセン
- delicatessen の短縮語。総菜やサラダなどを売る食品店のこと。

Sentence 2

Take a ⁱ⁶**sip** of water and then try a ⁱ⁷**bite** of my cake so you can really taste the ⁱ⁸**flavor**.

水をひとくち飲んでから、私のケーキを食べてみてください。そうすれば、風味をしっかり味わえますよ。

⑯ ☐ **sip** [síp]　名 (飲み物の) ひとすすり　他自 すする

★ ⑰ ☐ **bite** [báit]　名 (食べ物の) ひとかじり；軽い食事　他 かむ；かみつく
　　○ try [have] a **bite** で「ひとくち食べる；味見をする」の意味。

⑱ ☐ **flavor** [fléivər]　名 風味；味わい　他 風味 [味わい] を加える

Sentence 3

The teacher at the ⁱ⁹**culinary** institute teaches her students all about ²⁰**nutrition**.

料理学校のその先生は、生徒たちに栄養についてのすべてを教えてくれる。

⑲ ☐ **culinary** [kʌ́linəri]　形 料理の　○ **culinary** skills (料理技術)
⑳ ☐ **nutrition** [nju:tríʃən]　名 栄養；栄養の摂取

Sentence 4

Mary scoured the ²¹**microwave oven** and the ²²**sink** until they were spotless.

メアリーは電子レンジと流しを、汚れひとつなくなるまで磨いた。

㉑ ☐ **microwave oven**　電子レンジ
　　○ 単に microwave と言うことも多い。

㉒ ☐ **sink** [síŋk]　名 流し；シンク

One-Point Advice 9　リーディングは最後まで解く必要はない

　リーディング・セクションは時間との戦いです。とりわけ Part 7 は文章量が非常に多く、初級者は厳しい戦いを強いられます。

　心構えをひとつ。600 点を目標としているなら、Part 7 をすべて解ききる必要はまったくありません。最後まで到達できる人は、900 点が取れる人です。

　600 点を目指す我々は、なるべく解きやすい問題から優先的に解いていくのが合理的です。もっとも、問題の配列は Part 7 の途中までは簡単な問題が先に来ているので、順番に解いていって問題ありません。

　そして、難しい（ぱっと見て知らない単語・表現が多い。たいてい文章も長い）問題にぶつかったら、スキップして最後に 4 題ある「ダブルパッセージ」に先に取り組みましょう。ダブルパッセージは比較的易しい問題もあり（文章の一方がメールであることが多い）、設問も 5 問ずつ付いているので、労力に比して得点効率が高いのです。

　ただし、スキップした問題も解答用紙にはすべてマークしておくこと（確率的に 4 分の 1 は正解となる！）。

第5章
イディオム

CD-2 Track 41 〜 CD-1 Track 56

LEVEL 1 …………222
LEVEL 2 …………237

LEVEL 1

CD-2 Track 41

1 ☐ according to　　〜によると；〜に応じて

○ ビジネスでは、情報源を示す「〜によると」の意味でよく使う。「〜に応じて」の意味では、Performance will improve **according to** experience.（実績は経験に応じて向上するでしょう）のように使う。

According to the weather forecast, the rain will stop by this afternoon.
天気予報によると、午後には雨が上がるようだ。

2 ☐ after all　　結局；何と言っても

Even though we thought we'd be in the red last quarter, we were in the black **after all**.
前四半期は赤字になると予測したものの、結局は黒字になった。

3 ☐ as far as (... concerned)　　〜に関する限り

○ as far as の後ろには、さまざまな文を続けることが可能。**As far as** I know, 〜（私の知る限りでは〜）、**As far as** it goes, 〜（今のところは〜）

As far as I'm **concerned**, all employees should be free to take on as much responsibility as they want.
私の考えでは、どの社員も自分が望むだけの責任を自由に負担すべきだ。

4 ☐ as for　　〜について；〜に関して

○ as for は通常、文頭に置いて使う。regarding が類語。

As for our future plans, we're in limbo at the moment and haven't decided.
将来の計画については、我々は今のところ中途半端な状態であり、まだ決めていない。

Notes **in limbo** 宙ぶらりんで；どっちつかずで

5 ☐ as long as　　～する限り

As long as we have enough liquid assets to pay our debts, we'll be fine.
借入金を返済するのに十分な流動資産がある限り、わが社は大丈夫だ。

> Notes **liquid assets**　流動資産

6 ☐ as of　　～付けで；～時点で

○ 時点を指定するのに使う。

As of 5:00 p.m. today, the Scarsdale branch of our bank will be closed.
今日の午後5時をもって、当行のスカースデイル支店は閉店となります。

7 ☐ as well as　　～も同様に

○ as well だけなら「同様に；そのうえ」の意味。

Our company provides medical **as well as** dental benefits to its workers.
弊社は従業員に医療給付と歯科給付の両方を提供している。

8 ☐ at any rate　　とにかく；いずれにしても

At any rate, we will move ahead with the project even with its small budget.
予算が少なくても、とにかく我々はこのプロジェクトを進めるつもりだ。

9 ☐ at ease　　気楽に；心配なく；遠慮なく

○ put ～ **at ease** で「～を安心させる」。feel **at ease** なら「安らぐ；気兼ねしない」。

The announcement that there would be no lay-offs within the firm put our minds **at ease**.
この会社では解雇はないという発表があり、私たちはほっとした。

10 ☐ at first　　　初めのうちは

○ for the first time（初めて）との違いに注意。

It may seem an impossible task **at first**, but I'm confident you can achieve it in the end.
最初は不可能な仕事に見えるかもしれないが、君なら最後にはやり遂げられると信じている。

CD-2 Track 42

11 ☐ at least　　　少なくとも

○ at most（多くとも；せいぜい）

There are **at least** 30 people working day and night on this project.
このプロジェクトでは、常時、30人以上が働いている。

12 ☐ at once　　　すぐに（= immediately）

The manager would like to see Mr. Ross in his office **at once**.
部長がロスさんにすぐに部屋へ来るようにと言っています。

13 ☐ *be* about to *do*　　　〜しようとしている

It's cold and grey outside and it looks like it**'s about to** snow.
外は寒くて曇っていて、今にも雪が降りそうだ。

14 ☐ *be* absent from　　　〜に欠席している

Ken **was absent from** the meeting and did not return the secretary's phone calls.
ケンは会議を欠席し、秘書からの電話にも応えなかった。

15 ☐ *be* engaged in　　　〜に従事している；〜に携わっている

○ be engaged to（〜と婚約している）

The CEO was accused of **being engaged in** unlawful practices.
CEOは違法な業務を行っていたとして告訴された。

16 ☐ *be* famous for   ~で有名である

○ **be well-known for**（~で有名である）、**be notorious for**（~で悪名高い）

That restaurant **is famous for** its fresh seafood.
そのレストランは新鮮な海鮮料理で有名だ。

17 ☐ *be* likely to *do*   ~しそうである

The client **is** most **likely to** close the deal by the end of this week.
そのクライアントは今週末までの契約締結にいちばん有望だ。

18 ☐ *be* obliged to *do*   ~する義務がある；しかたなく~する

○ 動詞 oblige は「義務を負わせる；強制する；感謝させる」の意。

You **are obliged to** uphold the terms of the contract once you sign it.
一度署名したら、契約条件を守る義務がある。

19 ☐ *be* supposed to *do*   ~することになっている

The health inspector **is supposed to** drop by today to check the facilities so make sure everything is in order.
今日、衛生検査官が設備の検査に来るので、すべてをきちんとしておいてください。

20 ☐ because of   ~という理由で

○ **due to** や **owing to** が同意のイディオム。

Because of the high winds, the train service suspended all operations for the afternoon.
強風のため、午後の列車の運行はすべて取りやめとなった。

21 □ **both A and B**   AもBも

○ **either** A **or** B（AかBのどちらか）と一緒に覚えておきたい。Part 5に必須。

That supplier is famous for **both** its speed **and** its service.
その納入業者は仕事の速さとサービスの良さの両方で有名だ。

22 □ **by accident**   偶然に（= by chance）

I ran into an old high school friend today purely **by accident**.
今日、まったく偶然に高校時代の旧友に出会った。

Notes **run into** 〜に偶然出くわす

23 □ **by means of**   〜を用いて；〜を手段として

We will ship the goods **by means of** ship.
品物は船便で送ります。

24 □ **by the way**   ところで

○ 単なる話題の転換ではなく、by the wayの後にはふつう重要な話がくる。

By the way, Ms. Lawler phoned earlier and asked if you were in.
ところで、さっきロウラーさんが電話をかけてきて、あなたがいるかどうか聞いていました。

25 □ **call for**   〜を要求する；〜を呼び求める

The protesters **called for** an end to the violence in the tiny nation.
デモの参加者たちは、その小国での暴力の終結を求めた。

26 □ **calm down**   落ち着く；〜を落ち着かせる

It took a while for Tina to **calm down** after she was reprimanded by the boss.
上司から叱責を受けた後、ティナが冷静になるまでにしばらくかかった。

Notes **reprimand** 他 叱責する

27 cannot help *doing*　〜しないではいられない

○ このイディオムで help は「避ける」の意で使われている。**cannot but** *do* も同様の意味。

I **can't help** buy**ing** new gadgets the minute they hit the market.
私は新しい小型機器が売り出されるとすぐに買わずにいられない。

28 carry out　〜を実行する（= implement, fulfill）

We will need an increase in the budget in order to **carry out** our plan.
我々は、計画を実行するために予算の増額が必要になるだろう。

29 catch up with　〜としばらくぶりに会って話す；〜に追いつく

○ 「〜に追いつく」の意味では、Go ahead. I'll **catch up with** you.（先に行って。追いつくから）のように使う。

I took a week off in order to **catch up with** old friends and family.
私は、古い友人や家族と旧交を温めるために1週間の休暇をとった。

30 come up with　〜を思いつく；〜を考案する

Ms. Harbinger **came up with** a brilliant idea on how to save money on our monthly electricity bill.
ハービンジャーさんは、毎月の電気料金を節約する方法について、すばらしい考えを思いついた。

CD-2 Track 44

31 deal with　〜を処理する（= cope with）；〜と付き合う

○ **deal in** なら「〜を販売する」の意。

We hired an assistant to help **deal with** the huge number of e-mails we receive every day.
毎日届く膨大な数のメールに対処するために、私たちはアシスタントを採用した。

イディオム LEVEL 1

| 32 | ☐ **draw up** | （文書など）を作成する |

The two parties will **draw up** an agreement in front of a lawyer.
両当事者は、弁護士の立会いの下で契約書を作成することになる。

| 33 | ☐ **drop in on** | （人）に立ち寄る |

◐「（場所）に立ち寄る」ときは **drop in at** を使う。

Mr. Hughes will **drop in on** the builder today to check the progress of the construction.
その建設工事の進行状況を確認するために、今日、ヒューズさんが建設業者のところに立ち寄ります。

| 34 | ☐ **due to** | 〜のため；〜の原因で |

Due to a shortage of parts, our product launch will be delayed.
部品が不足しているため、当社の製品の発売は遅れる予定です。

| 35 | ☐ **either A or B** | A か B のどちらか |

We have two choices: we could **either** close our doors **or** relocate operations overseas.
我々には2つの選択肢がある。廃業するか、海外に業務を移すかだ。

| 36 | ☐ **except for** | 〜を除いて |

◐ ＜**except that** 〜＞とすれば、節を導ける。

Except for the general manager, all were in favor of the restructuring plan.
本部長を除く全員がその業務再編計画に賛成だった。

| 37 | ☐ **feel free to** *do* | 自由に〜する；気楽に〜する |

Feel free to browse our shop and ask if you have any questions about the merchandise.

ご自由に店内をごらんの上、商品について何かご質問があればお聞きください。

| 38 ☐ **fill out [in]** | （申請書など）に記入する |

We'd like you to **fill out** this questionnaire so that we can better serve you in the future.
今後、私どもがより良いサービスを行うために、このアンケートへのご記入をお願いします。

| 39 ☐ **for a while** | しばらくの間 |

I will be out of the office **for a while** so please hold all my calls.
しばらく外出しますので、電話を取り次がないでください。

| 40 ☐ **for instance** | 例えば（= for example） |

We need to be better prepared for handling guests, **for instance**, when a client drops in on an urgent matter.
例えば、緊急の用件でお客様が立ち寄ったときなど、私たちはお客様に対応できるようにしっかり準備しておく必要がある。

| 41 ☐ **for the time being** | しばらくは；さしあたり |

For the time being, I am enjoying my retirement to the fullest.
私は今のところ、引退生活を満喫しています。

| 42 ☐ **from now on** | これからは；今後は |

From now on I'd like you to call me by my first name.
これからはファーストネームで呼んでください。

43 ☐ go over
~をよく調べる（= investigate）；
~を見直す（= review）；~を越える

The judge **went over** the documents presented to him by the plaintiff's attorney.
裁判官は、原告側の弁護士から提出された資料を入念に調べた。

Notes **plaintiff** 名 原告
attorney 名 弁護士

44 ☐ hand in
~を提出する；~を手渡す

Please **hand in** the finished report by noon today so that I can evaluate it.
私が評価できるように、今日の正午までに完成した報告書を提出してください。

45 ☐ in addition to
~に加えて

In addition to being the number one software maker for six years in a row, we have award-winning computer components.
弊社は6年間連続でソフトウェア製造において第1位だった上、コンピュータ部品でも受賞歴があります。

Notes **in a row** 連続して

46 ☐ in charge of
~を担当して；~を管理して

○ 仕事の担当者を示すときの常用表現。特に Part 2 で注意。Who's **in charge of** ~? の形で、担当者を問うことが多い。Jack is. などと応答する。

Talk to our man **in charge of** Human Resources to work out your vacation schedule.
人事の担当者と話し合って、あなたの休暇スケジュールを立ててください。

47 ☐ in fact
実のところ；実際に

Our sales were fantastic after the initial launch; **in fact**, it exceeded our expectations.
初回発売後、売り上げはすばらしいもので、実際に我々の予想を上回った。

48 ☐ **in favor of** 〜に賛成して

○「〜に賛成して」は簡単に be for とも言える。「〜に反対して」は be against。

We all unanimously voted **in favor of** the rezoning of the district.
私たちは全会一致で、地域の区割り変更に賛成という決議をした。

49 ☐ **in general** 一般的に；概して；ふつう

In general, there was a good crowd at the artist's opening.
いつも、その美術家の展覧会の初日には大勢の人が来た。

50 ☐ **in honor of** 〜に敬意を表して；〜を祝して

The ceremony was held **in honor of** our CEO after he retired.
そのセレモニーは引退したCEOを称えるために開かれた。

CD-2 Track 46

51 ☐ **in spite of** 〜にもかかわらず (= despite)

○ Part 5 頻出イディオム。

In spite of the heavy traffic, we arrived to the conference on time.
渋滞にもかかわらず、私たちは会議に遅れずに到着した。

52 ☐ **in terms of** 〜の点では；〜の観点から

Let's check with Carl in accounting to see if the deal makes sense **in terms of** cost.
その取引がコストの面で適当かどうか、経理部のカールと検討してみましょう。

Notes **check with** 〜に相談する

53 ☐ **instead of** ～の代わりに；～しないで

Instead of dwelling on the shortage of funds in our budget, let's think of new ways to increase them.
予算の資金不足にこだわるのではなく、資金を増やす新たな方法を考えましょう。

Notes **dwell on** ～について深く考える

54 ☐ **keep up with** ～に遅れずついていく (＝ keep abreast of)

It's hard to **keep up with** our competitors as they are constantly releasing new, innovative products.
ライバル各社は継続的に新しい革新的な製品を発売するので、対抗していくのは大変だ。

55 ☐ **look after** ～の世話をする (＝ take care of)

I asked my friend to **look after** my house while I was away.
私は、不在にする間、家の管理を友人に頼んだ。

56 ☐ **look forward to** ～を楽しみに待つ

○ to の後は名詞相当句でなければならない。

I **look forward to** meeting you next week to discuss the plan further.
来週お会いして、計画をさらに詳しく話し合うことが楽しみです。

57 ☐ **make sure** ～を確かめる (＝ confirm, ensure)

Please **make sure** to back up all your files before leaving the office.
会社を出る前に、ファイルをすべてバックアップしたことを確認してください。

58 ☐ **neither A nor B** A も B も～でない

This warranty is **neither** valid **nor** applicable if damage was incurred by the user.

損害がユーザーの責となる場合には、この保証は有効ではなく、適用されることもありません。

59 ☐ on behalf of　　～を代表して；～の利益のために

On behalf of the parent company, I'd like to welcome you all to our conference today.
親会社を代表して、今日の会議にご出席いただいた皆様を歓迎いたします。

60 ☐ on purpose　　故意に；意図して

We need to check if the action was done **on purpose** before we make a final decision.
最終的な決断をする前に、我々はその行動が故意であったかどうかを確認する必要がある。

CD-2 Track 47

61 ☐ pay off　　報われる；もとがとれる；～を完済する

Our hard efforts are finally starting to **pay off** in terms of sales.
私たちの懸命の努力は、ようやく売り上げという形で報われつつある。

62 ☐ pick up　　(人)を乗り物に乗せる；～を取り上げる；よくなる (= improve)

Please **pick up** Mr. Jenkins from the airport at 2:00 p.m.
午後2時にジェンキンズさんを空港で拾ってください。

63 ☐ point out　　～を指摘する；～を示す

Ms. Lester **pointed out** a few errors on my report.
レスターさんは私の報告書にある数カ所の間違いを指摘した。

64 ☐ put off　　～を延期する (= postpone)

We will **put off** the sales campaign for a while as the staff is not ready for it.
担当者の準備が整っていないので、販促キャンペーンはしばらく延期します。

65 □ put up with
〜を我慢する（= tolerate, endure）

It's difficult to **put up with** the long hours at this firm but hopefully I will get a long vacation.
この会社の長時間労働に耐えるのは辛いが、うまくいけば長い休暇がもらえるかもしれない。

66 □ regardless of
〜と関係なく（= without regard to）；
〜にもかかわらず（= irrespective of）

We are an equal opportunity employer and will hire anyone **regardless of** race, gender or age.
当社は機会均等の会社なので、人種、性別、年齢を問わずに採用します。

67 □ right away
すぐに（= at once, right now）

Yes sir, I will bring you your order **right away**.
かしこまりました。すぐにご注文の品をお持ちします。

68 □ see 〜 off
〜を見送る

Jack went to the airport to **see** the client **off**.
ジャックは顧客を見送るために空港に行った。

69 □ show up
現れる（= appear）

Ms. Garcia didn't **show up** to the meeting today because she was caught in traffic.
ガルシアさんが今日の会議に来なかったのは、渋滞に巻き込まれたからです。

70 □ so far
今までのところ

○ **So far** so good.（今のところいいですね）は会話の決まり文句。

Share prices have increased 3 percent **so far**.
今までのところ、株価は3パーセント上昇している。

| 71 ☐ **take advantage of** | ~をうまく利用する；~につけこむ |

Come on down to our year-end sale and **take advantage of** savings throughout the store!
年末セールにお越しいただき、店を上げてのお値打ち価格をぜひご利用ください。

| 72 ☐ **take over** | (~を) 引き継ぐ；
(事業などを) 買収する |

◯ 名詞の takeover（買収；引き継ぎ）もビジネスでよく使う。takeover bid（株式公開買い付け）。

Mr. Slater will **take over** as head of operations.
スレーターさんが業務部長の職を引き継ぐことになる。

| 73 ☐ **take place** | (行事などが) 行われる；
(事故などが) 起こる |

The awards dinner will **take place** on May 23.
受賞記念晩餐会は5月23日に行われる。

| 74 ☐ **thanks to** | ~のおかげで |

Thanks to Ms. Edwards' speedy work we were able to meet the deadline.
エドワーズさんの手際のいい仕事のおかげで、私たちは納期を守ることができた。

| 75 ☐ **try on** | ~を試着する |

Try on our shoes for one week and return them if you're not satisfied.
弊社の靴を1週間お試しいただき、もしご満足いただけない場合は返品してください。

76 ☐ turn down
〜を却下する（= decline）；（音量など）を下げる（= lower）

I'm afraid we will have to **turn down** your generous offer at this time.
残念ですが、今回は御社の好条件のオファーをご辞退しなければなりません。

77 ☐ turn off
（スイッチ）を切る（= switch off）；〜の興味を失わせる（= bore, repel）

○ **turn on**（スイッチを入れる）

Residents are advised to **turn off** the gas in case of emergency.
居住者は緊急時にはガスを止めるように忠告されている。

78 ☐ under way
（仕事などが）進行中で

○ under は「〜しているさなかで（= in the process of）」の意味で使える。他に under construction（工事中で）、under consideration（検討中で）、under review（調査中で）など。

Plans are **under way** to widen the highway to allow more access to vehicles.
車両の通行量を増やすために、ハイウェーを拡幅する計画が進行中だ。

79 ☐ up to
〜次第で；〜の義務［担当］で；（最大）〜まで

○ 「〜次第で」の意味で、It's **up to** you.（あなた次第です）は常套句。

It is **up to** each one of us to act responsibly when it comes to recycling.
リサイクルに関しては、私たち一人ひとりが責任を持って行うべきだ。

80 ☐ used to *do*
昔は〜したものだ；〜だった

○ **be used to** (*do*ing / 名詞)（〜することに慣れている）と区別して覚えよう。

I **used to** go skiing every weekend in the winter when I lived up north.
北のほうに住んでいた頃は、冬には週末ごとにスキーに行ったものだ。

LEVEL 2

1 ☐ account for
〜を説明する（= explain）；
〜の割合を占める（= constitute）

● 「〜の割合を占める」の意味では、Social security **accounts for** half of the national spending.（社会保障は国の歳出の半分を占める）のように使う。

The press asked the politician if he could **account for** the missing campaign funds.
記者たちはその政治家に、行方の知れない選挙資金を説明するよう求めた。

2 ☐ across the board
全面的に；一律に

We have to tighten our belts so there will be pay cuts **across the board**.
我々はコストを削減しなければならず、全面的な減給を行うことになるだろう。

Notes **tighten one's belt** 倹約する

3 ☐ apart from
〜を除いて；〜はさておき

Apart from a broken lamp, our office had no damage from the earthquake.
照明器具が壊れた以外、会社に地震の被害はなかった。

4 ☐ as a token of
〜のしるしとして

● 謝意を示すときによく使う。token は「しるし；(何かを) 表象するもの」という意味。

Please accept this coupon **as a token of** our gratitude for your patronage.
ごひいきいただいている感謝のしるしとして、このクーポンをお受け取りください。

5 ☐ as a whole　　全体として

As a whole, our sales department's performance is satisfactory this year.
全体として、今年の営業部の業績は満足のいくものだ。

6 ☐ aside from　　〜は別として；〜はさておき

Aside from the fact that our appliances are top-of-the-line, sales have been slow.
当社の家電製品が最高級品であるという事実はさておき、売り上げのほうはよくない。

7 ☐ at *one's* convenience　　都合のいいときに

○ **at one's earliest convenience**（なるべく早く）は、丁寧に催促するときに使う。

Please look over the documents **at your convenience** and sign them if the information looks all right.
都合のいいときに書類に目を通していただき、内容に問題がなさそうならサインをしてください。

8 ☐ *be* anxious to *do*　　〜することを切望する

○ to *do* の代わりに for を使えば名詞を続けられる。

We **are anxious to** do business with the huge conglomerate as it will improve our status.
当社の地位が向上するので、我々はその巨大複合企業との共同事業を強く望んでいます。

Notes **conglomerate** 名 複合企業；コングロマリット

9 ☐ *be* entitled to　　〜の権利がある

○ to の後ろは名詞も動詞の原形も可。be eligible for [to *do*] が同意のイディオム。

Our shareholders **are entitled to** sit in on our year-end fiscal meetings.
当社の株主の皆様は、年度末の財務会議に出席する権利があります。

10 ☐ ***be* fed up with** 〜にうんざりしている；〜にあきあきしている

○ be tired of や be weary of が類義のイディオム。

Mark **was fed up with** his job and handed in his resignation.
マークは仕事にうんざりして、辞表を提出した。

CD-2 Track 50

11 ☐ ***be* free from** （好ましくない物・人）を免れている

Our products are 100 percent natural and **are free from** any processed ingredients.
我が社の製品は100パーセント天然のもので、加工原料は使っていません。

12 ☐ **(*be*) independent of** 〜から独立して（いる）

○ **be dependent on**（〜に依存している）

Kathy leads a quiet life **independent of** her father's fame and fortune.
キャシーは父親の名声や財産に依存することなく、平穏な生活を送っている。

13 ☐ ***be* subject to** 〜にさらされている；〜を条件とする

The information in this pamphlet **is subject to** change without notice.
このパンフレットの情報は予告なしに変更されることがあります。

14 ☐ ***be* tied up in [with]** 〜で手が離せない

Mr. Miller **is tied up in** an important meeting and won't be able to make the 3:00 p.m. conference call.
ミラーさんは重要な会議で手が離せないので、午後3時の電話会議には出席できないだろう。

15 ☐ break even　　　（収支が）とんとんになる

◯ 収入と支出が均衡すること。the break-even point で「損益分岐点」。

After a few quarters in the red, we finally **broke even**.
赤字の四半期が数回続いた後、ようやく収支が均衡した。

16 ☐ bring about　　　〜をもたらす；〜を引き起こす

◯ cause、give rise to が類義語。

Only on-the-edge, innovative products can **bring about** a change in the lagging industry.
最先端の革新的な製品のみが、立ち遅れている産業に変化をもたらすことができる。

Notes　**lagging**　形 遅い；のろい

17 ☐ call it a day　　　一日の仕事を切り上げる；うち切る

After working ten hours straight we decided to **call it a day**.
10時間ぶっ続けで働いた後、私たちは仕事を切り上げることに決めた。

18 ☐ call off　　　〜を中止する（= cancel）

The outdoor exhibition was **called off** due to the inclement weather.
悪天候のため、屋外展示会は中止になった。

19 ☐ check with　　　〜に相談する；〜に問い合わせる

We will **check with** the accountant today to find out our best course of action.
今日、我々は会計士に相談して、最善の行動方針を考えます。

20 ☐ come to terms with　　　〜を受け入れる；〜と合意に達する

It took a while for the company president to **come to terms with** the bankruptcy.

その会社の社長が倒産を受け入れるには、しばらく時間がかかった。

21 □ comply with　　〜に従う（= abide by）

○ 規則、法律などを「遵守する」という意味でビジネスでよく使う。

All our machines **comply with** ISO standards.
当社の機械はすべてISO標準に適合しています。

22 □ contrary to　　〜に反して；〜とは逆に

○ **to the contrary** なら「（前文を受けて）それと反対に」。

Contrary to public opinion, the president signed the bill and made it into law.
世論に反して、大統領は法案に署名し、それを法律にした。

23 □ dispose of　　（ゴミなどを）廃棄する；（資産などを）処分する

Please **dispose of** your waste in the proper receptacles.
ごみは決められた容器に捨ててください。

Notes **receptacle** 名 容器

24 □ do 〜 a favor　　〜の願いを聞く；〜のために役に立つ

○ **ask a favor of**（〜に頼み事をする；〜にお願いをする）と一緒に覚えておきたい。

Please **do** me **a favor** and send me the minutes from the meeting.
お願いしたいのですが、私に会議の議事録を送ってくれませんか。

25 □ do away with　　〜を排除する；〜を廃止する（= abolish）

The government vowed to **do away with** corporate crime.
政府は企業犯罪を一掃すると約束した。

26 □ every other — 1つおきの

Lisa has agreed to work the late shift **every other** night.
リサはひと晩おきに遅番で働くことに同意した。

27 □ fall behind — 遅れる（= lag behind）

We're **falling behind** schedule and really need to pick up the pace.
我々はスケジュールに遅れをきたしているので、どうしてもペースを上げなければならない。

28 □ far from — ～からほど遠い；決して～でない

The jury is still deliberating so this court case is **far from** over.
陪審団はまだ審理中なので、この裁判案件は終結してはいない。

Notes **jury** 名 陪審団

29 □ figure out — ～を理解する；～を解明する

It took a while to **figure out** what was making all the noise in the office.
会社の中で騒音の元になっているのが何かが分かるのに、しばらく時間がかかった。

30 □ file for — ～を申し立てる；～を申請する

○ **file for** bankruptcy（破産を申し立てる）、**file for** divorce（離婚を申し立てる）など、法的な申請をするのによく用いる。

It's too early for us to think about **filing for** Chapter 11.
破産法11章の申請を考えるのはまだ早すぎる。

Notes **Chapter 11** （米国の）連邦破産法第11章（会社再生のスキームを定める）。会社清算の場合には Chapter 7 の申請となる。

CD-2 Track 52

31 □ get back to — ～に電話をかけ直す

Tell Mr. Strothers I'll **get back to** him as soon as I'm finished

meeting with the buyer.
バイヤーとの会議が終わり次第、私からストロザーズさんに電話をすると伝えてください。

| 32 | **get rid of** | 〜を取り除く；〜を撃退する |

The company started a new campaign to **get rid of** its negative image.
会社は悪いイメージを取り除くために新しいキャンペーンを始めた。

| 33 | **get together** | 集まる；〜を集める |

Please give me a time when we can **get together** for a chat.
集まっておしゃべりするのはいつがいいか、教えてください。

| 34 | **happen to** *do* | たまたま〜する |

I **happen to** be driving in your neighborhood now and would like to see you.
たまたまご近所を車で通りかかったので、あなたにお会いできればと思いまして。

| 35 | **have nothing to do with** | 〜と関係がない |

○ **have something to do with**（〜と関係がある）も一緒に覚えておきたい。

Please refrain from doing any activities that **have nothing to do with** your current tasks.
あなたの今の仕事と関係のない行動は慎むようにお願いします。

| 36 | **have yet to** *do* | まだ〜していない |

I **have yet to** visit the offices of our subsidiary and will try to get there next week.
私はまだ子会社の事務所を訪問していないので、来週行ってみようと思う。

| 37 | ☐ **help oneself to** | 自由に〜を食べる［飲む］ |

Please **help yourself to** coffee or tea while you are waiting for Ms. Greene.
グリーンさんをお待ちの間、ご自由にコーヒーか紅茶をお召し上がりください。

| 38 | ☐ **in brief** | （説明などが）手短に（= in short） |

In brief, I'd like to go over what we presented at the seminar today.
簡単に言えば、我々が今日のセミナーで発表した内容を確認したいのです。

| 39 | ☐ **in connection with** | 〜と関連して（= in regard to） |

The accountant was charged **in connection with** the tax evasion scheme.
その会計士は脱税事件との関連で起訴された。

Notes **tax evasion** 脱税

| 40 | ☐ **in effect** | 有効で（= effective）；実質的には（= practically） |

The service contract will be **in effect** at the beginning of next week.
サービス契約は来週の初めから有効となります。

CD-2 Track 53

| 41 | ☐ **in (the) light of** | 〜の観点から（= in view of） |

In light of the time management difficulties we will extend your deadline by another two weeks.
時間の調整が難しいことを考慮して、御社の納期をあと2週間延ばしましょう。

| 42 | ☐ **in search of** | 〜を求めて；〜を探して |

We are always **in search of** ways to make your experience with our airline more comfortable.
私どもはいつも、お客様が当エアラインをより快適にご利用いただける方法を模索しています。

43 ☐ in the long run　長い目で見れば；結局

If we sell a portion of our business now we'll be better off **in the long run**.
今、事業の一部を売却すれば、長期的には我々の会社はいい状態になるだろう。

44 ☐ in the meantime　その間に

Ms. Ross is preparing her presentation so **in the meantime** let's all take a short break.
ロスさんがプレゼンの用意をしているので、その間、私たちは短い休憩を取りましょう。

45 ☐ let alone　〜は言うまでもなく；〜はおろか

We can't afford to keep paying for the space we already occupy, **let alone** move to a bigger one.
私たちはもっと広いところに移ることはもちろん、今借りている事務所の賃貸料を払い続ける余裕もない。

46 ☐ make a difference　影響を及ぼす；違いをもたらす

○ make no difference なら「影響がない；違いがない」の意。

Just a little bit of effort each day **makes a difference** in our progress.
毎日ほんの少しの努力をするだけで、我々の進歩は違ったものになる。

47 ☐ make it　成功する；やり遂げる；間に合う；(病気から) 回復する

○「うまくいく」という意味で、いろいろな場面で使う。

We need to always conduct new research if we want to **make it** in this industry.
この業界で成功したいのなら、我々は常に新しい研究を行う必要がある。

48 ☐ **make up for** 〜を埋め合わせる (= compensate for)

We need to make a sizable profit this quarter to **make up for** last quarter's losses.
前四半期の損失を埋め合わせるために、我々は今四半期、相当の利益を上げる必要がある。

49 ☐ **needless to say** 言うまでもなく

Needless to say, we will have to work day and night in order to meet next week's deadline.
言うまでもないが、私たちは来週の納期に間に合わせるために連日連夜、働かなくてはならないだろう。

50 ☐ **no sooner ~ than ...** 〜するやいなや…

No sooner did we launch the product **than** it was sold out.
我々が製品を発売するとたちまち、それは売り切れた。

CD-2 Track 54

51 ☐ **now that** 今や〜なので

Now that I'm done with work for the day, I will get myself something to eat.
一日の仕事を終えたので、何か食べに行くことにしよう。

52 ☐ **on duty** 勤務中で［の］

○ **off duty**（勤務外で）

Who is the main officer **on duty** tonight?
今夜の当直の責任者はだれですか。

53 ☐ **on the contrary** それどころか；そうではなく

○ 前文の内容を否定して、逆のことを述べる場合に使う。

I thought the boss wouldn't like my idea but **on the contrary**, he loved it.
上司は私のアイデアを好まないと思ったが、逆に彼は大いに気に入った。

54 ☐ once and for all　これを最後に；きっぱりと

We need to solve the matter **once and for all**.
我々はこの問題にきっぱりと決着をつけなければならない。

55 ☐ out of the question　話にならない；論外で

It is **out of the question** that he will run for mayor.
彼が市長に立候補するなどというのは論外である。

56 ☐ pass away　逝去する

○ die の婉曲表現。

You should make sure that your loved ones are taken care of after you **pass away**.
ご自分が亡くなった後に、残された家族の生活が成り立つことを確認しておくべきです。

57 ☐ pile up　積み重なる；〜を積み重ねる

The work is starting to **pile up** and I can hardly keep up with it.
仕事がたまり始めていて、私はとてもこなせそうにない。

58 ☐ plug in　〜をコンセントにつなぐ；〜のプラグを差し込む

Although the machine is **plugged in**, it doesn't seem to work.
機械をコンセントにつないだが、動く様子がない。

59 ☐ **prior to** ～より前に；～に優先して

○「(重要度で) ～に優先して」の意味でも使う。反意のイディオムは **posterior to** (～より後に)。

Please look over the terms of the contract carefully **prior to** signing it.
署名する前に、契約書の条項をしっかり確認してください。

60 ☐ **quite a few** かなりの数の～

○ 数が多いことを示すことに注意。量の場合は **quite a bit** (かなりの量の～) を使う。

There are **quite a few** people who have already signed up for our seminar.
当社のセミナーにはすでにかなりの数の人が申し込んでいます。

CD-2 Track 55

61 ☐ **rely on** ～を頼りにする (= depend on, count on)

We can always **rely on** Ray to get us the supplies we need quickly.
必要な備品を迅速に供給してもらうのに、私たちはいつもレイに頼っている。

62 ☐ **report to** ～に報告する；～に出頭する；～に直属する

○「～に出頭する」の意味では We must **report to** the head office tomorrow morning. (私たちは明日の朝、本社に出向かなければならない)、「～に直属する」の意味では I **report** directly **to** the CEO. (私はCEOの直属です) のように使う。

Please **report to** your immediate supervisor when you have finished the task.
仕事が完了したら、直属の上司に報告してください。

63 ☐ **resort to** ～ (手段など) に訴える (= fall back on)

I want to pay up front and don't want to **resort to** taking out a loan for this new endeavor.
この新しい事業には、前払いで対応して、融資には頼りたくない。

Notes **up front** 前もって；前払いで
take out a loan 融資を受ける

64 □ run errands　　　使いに行く

○ errand は「(事務所外での)用足し；用事」のこと。

I spent the entire afternoon **running errands** for the boss.
午後いっぱい、上司の使い走りで終わった。

65 □ run into　　　〜に偶然出会う；〜に遭遇する

I **ran into** my old childhood friend in the street the other day.
私は先日、街中で子供時代の旧友に偶然出会った。

66 □ see to it that　　　〜に注意する；〜を取りはからう

See to it that the finished file is on my desk by 4:00 p.m. sharp.
完成したファイルは午後4時きっかりまでに私の机の上にあるようにしてください。

67 □ settle down　　　(気分などが)落ち着く；住居[職]を定める

○「住居を定める」の意味では、The immigrants **settled down** in the suburb of the city.(移民は市の郊外に居を定めた)のように使う。

Let's wait for the volatile stock market to **settle down** before we make a move.
不安定な株式市場が落ち着くのを待って、動くことにしよう。

Notes **volatile** 形 不安定な；気まぐれな

68 □ side by side　　　並んで

○ **side by side with** で「〜と協力して」。

Make sure our most popular line and the new one are stacked **side by side** on the shelves.
棚には、一番の人気商品と新製品を並べて置くようにしてください。

69 ☐ sum up   〜を要約する；〜を合計する

The vice president will **sum up** the situation via teleconference today.
今日、テレビ会議で副社長が状況の概要を述べる。

70 ☐ take 〜 for granted   〜を当然［真実；妥当］だと思いこむ

○ 例文は「ご愛顧を当然と思わない」→「ご愛顧を特別なものと思う」という謝意を示す表現になっている。

We value each customer and never **take** your patronage **for granted**.
私どもはお客様一人ひとりを大切に考え、ご愛顧を大変ありがたく思っております。

CD-2 Track 56

71 ☐ to some extent   ある程度まで

○ 程度を具体的に示すときには、**to the extent that** 〜（〜するほどまでに）の形で文を続ける。

Although there was damage from the storm **to some extent**, it wasn't serious.
暴風雨の被害はある程度あったが、深刻なものではなかった。

72 ☐ to the point   核心［要点］を突いた

○ **get to the point** で「核心に触れる」。**brief and to the point**（簡潔で要点を突いた）もよく使う。

Now, let me get **to the point** of this presentation.
さて、このプレゼンの核心に入りたいと思います。

73 ☐ turn around   回復する；方向転換する
〜を回復させる；〜を方向転換させる

○ ビジネスでは「赤字企業を建て直す」の意味でよく使う。名詞 turnaround は「業績の好転」。

We may have to close our doors if the economy fails to **turn**

around.
経済が回復しなければ、我々は事業をたたまざるを得ないかもしれない。

---

74 ☐ **turn out to *be***　　〜であることが分かる（= prove to *be*）

Our product launch **turned out to be** more successful than we imagined.
製品の発売は、私たちが想像していた以上の成功を収めることになった。

---

75 ☐ **way too**　　あまりにも

○ 副詞 way には「とても；ずっと」という強調の用法がある。

It's **way too** early to predict the outcome of the election.
選挙結果を予測するにはあまりにも早すぎる。

---

76 ☐ **when it comes to**　　〜については；〜の話になると

When it comes to getting the job done, Joe is the one who you can rely on.
仕事をなしとげることにかけては、ジョーは頼りになる人だ。

---

77 ☐ **with regard to**　　〜に関して

With regard to our previous meeting, I'd like to meet again to go over what we agreed on.
前回の会合に関して、合意事項を確認するためにもう一度会いたいと思います。

---

78 ☐ **work on**　　〜に取り組む；〜に従事する

Raymond was told to **work on** the problem at hand.
レイモンドは目の前の問題に取り組むようにと言われた。

Notes　**at hand**　手元の；間近の

79 ☐ **work out** 〜を解決する（= solve）；練習する

○ **work out to**（〜ということになる）

We were unable to **work out** what was causing the trouble with the network.
何がネットワークに問題を起こしたのか、私たちは解明できなかった。

80 ☐ **wrap up** 〜を終わりにする；〜を完成させる

○ 他に「厚着をする（= bundle up）」の意味もある。

Let's **wrap up** this meeting and call it a day.
この会議を終わりにして、仕事を切り上げましょう。

APPENDIX ①
Part 1（写真問題）の要注意表現

Part 1の写真問題には、動き・状態を示す動詞が使われます。よく出るもので、注意を要する動詞をまとめて紹介します。また、位置関係や方向を示す前置詞句・副詞句についても、少し難しいものを最後にまとめておきます。

▶[人]が～を do している

be carrying ～を運んでいる
be holding ～を持っている
＊**be holding up**（～を持ち上げている）
be folding ～をたたんでいる
be picking up ～を手に取っている
be cleaning ～を掃除している
be sweeping ～を掃いている
be wiping ～を拭いている
be polishing ～を磨いている
be mopping ～をモップがけしている
be scrubbing ～をごしごし洗っている
be displaying ～を見せている
be painting ～を描いている
be removing ～取り除いている
be boarding ～に搭乗している
be hanging ～を掛けている
be adjusting ～を調整している
be installing ～を設置している
be plugging [unplugging]
　（電源に）～をつないで［抜いて］いる
be inserting ～を挿入している
be pouring ～を注いでいる
be filing ～をファイルしている
be putting away ～を片付けている
be taking away ～を片付けている
be emptying ～を空にしている

be trimming
　～を刈り取っている；～を手入れしている
be throwing away ～を捨てている
be facing ～の方を向いている
be spreading ～を広げている
be serving ～を給仕している
be crossing ～を渡っている
be bending over
　かがんでいる；腰を曲げている
be pointing at ～を指し示している
be passing [handing] out
　～を手渡している
be distributing ～を配っている
be packing ～を詰めている
be reviewing
　～を検査［点検］している
be examining ～を調べている
be operating ～を操作している
be touching ～に触れている
be trying on ～を試着している
be wearing ～を身につけている
be strolling 散策している
be passing （～を）通り過ぎている
be seated 座席についている
be lining up （列に）並んでいる
be sailing 帆走している
be rowing ～を漕いでいる

253

▶ [モノ] が do されて [して] いる

be covered with 〜におおわれている

be filled with 〜でいっぱいである

be equipped with
〜を備え付けている

be surrounded by 〜に囲まれている

be packed 梱包されている

be wrapped 包まれている

be attached to
〜に取り付けられている

be located in [at]
〜にある [位置している]

be piled 積み重ねられている

be flowing 流れている

be floating 浮いている

be blocking 〜をふさいでいる

be scattered 散らばっている

be cluttered 散らかっている

be leaning against
〜によりかかっている

be suspended 吊されている

be hanging 掛かっている

be stacked
並べられている [積み重ねられている]

be folded 折りたたまれている

be occupied いっぱい [満席] である

be lined up 並んでいる

be sheltering
保護している [隠している]

be lying 置かれている

be rolled up 巻き上げられている

be being towed 牽引されている

be being loaded [unloaded]
積み込まれている [積み出されている]

be being stocked 蓄えられている

be being repaired 修理されている

be being transported 運ばれている

be being hung on
〜に掛かっている [吊されている]

have [has] been set (up)
取り付けられている

have [has] been arranged
調整されている

have [has] been placed
置かれている

have [has] been parked
駐車されている

have [has] been placed
設置されている

have [has] been furnished
（家具などが）備え付けられている

overlook 〜を見下ろす位置にある

face (on) 〜に面している

▶位置関係・方向を示す表現

behind the railing　手すりの背後に
across the street　通りの反対側に
along the river　川に沿って
opposite each other　向かい合って
next to the tree　木の隣に
by the side of a fountain　噴水のそばに
above the sofa　ソファの上方に
below the desk　机の下に
on the ground　地面に
outside the window　窓の外に
against the wall　壁に向かって
through the gate　ゲートを通り抜けて
between the table and the copier　テーブルとコピー機の間に
away from each other　互いに離れて
in the rear of the building　建物の後ろに
in the same direction　同じ方向に
in a row　列をなして
in a pile　重ねられて
in a circle　円になって

APPENDIX ②
まぎらわしい単語

スペルの似通った単語、派生関係にある単語でまぎらわしいもののペア・グループをまとめて紹介します。目を通しておくと、正確に区別できるようになります。

adopt [ədápt]	他 採用する；養子にする
adapt [ədǽpt]	他 適応させる

cereal [síəriəl]	名 穀類；シリアル
serial [síəriəl]	形 連続した；続きものの

confident [kánfədənt]	形 自信がある
confidential [kànfədénʃəl]	形 守秘義務のある；機密の

confirm [kənfə́ːrm]	他 確認する
conform [kənfɔ́ːrm]	自 （規則などに）従う（to）

considerable [kənsídərəbl]	形 （数量・程度などが）相当な；考慮すべき
considerate [kənsídərət]	形 思いやりのある

economic [èkənámik]	形 経済の
economical [èkənámikəl]	形 節約の；経済的な

elect [ilékt]	他 選ぶ
erect [irékt]	他 建てる；直立させる

fraction [frǽkʃən]	名 分数；（全体の）部分
friction [fríkʃən]	名 摩擦；あつれき

単語	発音	品詞	意味
hospitality	[hàspətǽləti]	名	歓待
hostility	[hɑstíləti]	名	敵意

単語	発音	品詞	意味
imaginable	[imǽdʒənəbl]	形	想像できる
imaginary	[imǽdʒənèri]	形	想像上の；架空の
imaginative	[imǽdʒənətiv]	形	想像力に富んだ

単語	発音	品詞	意味
industrial	[indʌ́striəl]	形	工業の；産業の
industrious	[indʌ́striəs]	形	勤勉な

単語	発音	品詞	意味
inhabit	[inhǽbit]	他	居住する
inhibit	[inhíbit]	他	抑制する；禁止する

単語	発音	品詞	意味
lay	[léi]	他	横たえる
lie	[lái]	自	横たわる

単語	発音	品詞	意味
literate	[lítərət]	形	読み書きができる
literal	[lítərəl]	形	文字通りの
literary	[lítərèri]	形	文学の；著作の

単語	発音	品詞	意味
loyalty	[lɔ́iəlti]	名	忠誠心；ご愛顧
royalty	[rɔ́iəlti]	名	著作権［特許権］使用料；印税

単語	発音	品詞	意味
moral	[mɔ́:rəl]	名 形	道徳　倫理の
morale	[mɔrá:l]	名	勤労意欲；士気

単語	発音	品詞	意味
objection	[əbdʒékʃən]	名	反対意見
objective	[əbdʒéktiv]	名 形	目標　客観的な

observance [əbzə́ːrvəns]	名	（規則などの）遵守
observation [ὰbzərvéiʃən]	名	観察

personal [pə́ːrsənl]	形	個人の；私的な
personnel [pə̀ːrsənél]	名	社員；人事部

principal [prínsəpəl]	形	主要な　名 校長；（投資などの）元金
principle [prínsəpl]	名	原理；行動指針

property [prápərti]	名	財産；不動産
prosperity [praspérəti]	名	繁栄

respective [rispéktiv]	形	それぞれの
respectful [rispéktfəl]	形	礼儀正しい
respectable [rispéktəbl]	形	（人柄・行動などが）まともな

sensitive [sénsətiv]	形	敏感な；繊細な
sensible [sénsəbl]	形	気が利く；賢明な

stationery [stéiʃənèri]	名	文房具；便せん
stationary [stéiʃənèri]	形	静止した；動かない

successful [səksésfəl]	形	成功した
successive [səksésiv]	形	連続する；歴代の

wonder [wʌ́ndər]	他	不思議に思う
wander [wándər]	自	ぶらつく

INDEX

見出し語および派生語・類義語・反意語・関連語を組み込んだ索引です。知識の整理にご利用ください。Notes の語句は入っていません。

A

語	ページ
abandon	31
abroad	89
absolutely	104
abstain	50
academic background	159
accept	16
acceptable	17
accommodate	40
accommodation(s)	40, 192
accompany	50
accomplish	24
according to	222
account	116
account for	22, 237
accountability	116
accountant	116, 173
accurate	73
accuse	33
ache	209
achieve	24
achievement	24
acquaintance	130
acquire	34
across the board	237
actually	79
acute	93
ad agency	179
add	35
addition	75, 137
additional	75, 103
address	57
adept	91
adjacent	102
adjourn	168
adjust	48
administrative	198
admire	19, 56
admission	129
adopt	16
advance	119, 154
advanced	111, 112
advantage	126
adverse	110
advertise	23
affair	145
affect	47
affluent	69
afford	33
affordable	33
after all	222
afterwards	104
aged	92
agenda	168
agreeable	74
agreement	116
aid	148
aim	127
aisle seat	191
alert	139
alleviate	55
alliance	165
allocate	43
allow	27
allowance	27, 162
allure	24
alter	59
alternate	48
alternative	83
altitude	190
alumni	204
ambience	114

ambiguous	107	as a token of	237
ambition	91	as a whole	238
ambitious	91	as far as (... concerned)	222
ambulance	208	as for	222
amend	38	as long as	223
amenity	215	as of	223
amount	117	as well as	223
ample	77	ascribe A to B	61
amuse	38	aside from	238
analysis	142	aspect	142
analyze	142	assembly	178
anniversary	205	assess	43
announce	54	asset	174
annoy	62	assign	43
annoyance	62	assignment	43
annual	72	associate	130
answering machine	200	assume	58
anticipate	17, 60	assumption	59
anxious	85	at any rate	223
apart from	237	at ease	223
apologize	25	at first	224
apology	25	at least	224
apparently	87	at once	78, 224
appear	32	at one's convenience	238
appearance	33	at the same time	78
appetite	141	atmosphere	114
appetizer	217	attachment	201
applause	205	attain	24
appliance	178, 210	attempt	117
applicant	16, 158	attendee	204
application	16	attention	144
apply	16	attentive	144
appoint	43	attire	204
appointment	116	attitude	144
appreciate	19	attract	24
approval	20	attraction	24, 193
approve	20	attribute	61
approximately	74	audience	205
architecture	216	audit	173
arrange	18	authentic	108
arrive at	28	author	202

authority	60
authorize	60
available	66
average	76
avoid	49
avoidable	49
award	205
aware	93
awful	86

B

back order	183
baggage	190
balance	171
ballroom	204
ban	49
bankruptcy	164
banquet	206
bargain	182
basic	152
be about to do	224
be absent from	224
be anxious to do	238
be engaged in	225
be entitled to	238
be famous for	224
be fed up with	239
be free from	239
(be) independent of	239
be jealous of	39
be likely to do	225
be obliged to do	225
be subject to	239
be supposed to do	225
be tied up in [with]	239
be worthy of	47
bear	51
beat	62
because of	225
beforehand	104
benchmark	122
beneficial	115

benefit	115
benevolent	82
besides	105
beverage	218
bias	151
bite	219
blame	52
board	189
board of directors	165
bona fide	109
book	19
booming	171
boring	95
both A and B	226
bottom line	173
box office	193
brainstorming session	168
branding	179
bravery	131
break	168
break even	240
breakthrough	154
bright	80
bring about	44, 240
brochure	181
browse	182
budget	69, 175
buffet	217
bulletin	202
by accident	226
by degrees	78
by means of	226
by the way	226

C

cafeteria	199
calamity	151
calculate	35
call for	29, 226
call in sick	209
call it a day	240
call off	240

calm	100	city hall	212
calm down	226	clarify	58
campaign	179	classify	44
cancel	30	clerk	199
cancellation	31	clue	148
candidate	158	collaborate	40
cannot help doing	227	collaboration	40, 128
capable	91	colleague	200
capital	165	collision	196
captivate	24	combine	62
capture	62	come to terms with	240
cargo	177	come up with	227
carry on	30	comfortable	74
carry out	40, 227	commend	56
catch up with	227	commerce	181
cater	61	commission	136
catering service	204	commit	133
cause	44	commitment	133
caution	139	committed	94
cautious	94	committee	166
celebrate	40	common	76
celebrated	41	commute	195
celebration	40, 204	company	130
celebrity	41, 150	comparatively	106
ceremony	205	compare	35
certainly	88	comparison	35
certificate	203	compassion	143
chair	51	competent	90
chairperson	165	competitive	84
challenge	119	competitor	179
character	121	complain	122
characteristic	121	complaint	122
charge	33	complete	79
chart	168	completely	79
check out	183	complex	99
check with	43, 240	complicate	51
checkup	208	complicated	99
choose	16	compliment	109
chore	145	complimentary	109
circulation	201	comply with	241
circumstance	115	component	178

comprehensive	98	construction	214
comprise	26	consult	43
compulsory	109	consume	45
compute	35	consumer	45, 181
computer literacy	158	consumption	45
concede	169	contact	28
concentrate	27	contain	26
concentration	27	contemporary	87
concern	142	content	126
concerned	85	continue	30
conclude	32	contract	186
conclusion	32	contrary	76
concurrently	78	contrary to	241
condemn	52, 56	contrast	35
condition	116	contribute	46
confer with	43	contribution	117
conference	168	control	42
confidential	201	controversy	154
confine	60	convene	168
confirm	29	convenient	66
confiscate	62	conventional	103
confuse	51	cooperate	40, 128
confusing	111	cooperation	128
congested	81	coordinate	128
congratulation	205	coordination	128
connect	28	copier	203
conscious	93	cordial	109
consecutive	90	corporate headquarters	165
consensus	168	correct	38, 73
consent	20	correspondence	201
consequence	136	cost	29
consequently	104	costly	68
conservation	45	counterpart	188
conservative	45, 103	countryside	214
conserve	45	courage	131
consider	20	courier	177
considerable	20, 82, 108	courteous	67
considerate	20	courtesy	148
consideration	20	coverage	207
consist of	26	cozy	75
conspicuous	97	craving	141

263

create	26
creative	26
creature	26
credit card	172
crew	189
crisis	151
criterion	122
critical	107
criticize	56
crowd	80
crowded	80
crucial	107
cruise	192
cubicle	198
cuisine	217
culinary	219
cupboard	218
curious	75
currency	170
current	86
custom	149
customer service	180
customs	190
cut in	50
cutting-edge	112

D

daily	72
dairy product	218
damage	129
deadline	122
deal	188
deal with	57, 227
debate	154
debt	173
decade	118
decent	92
decision by a majority	168
declare	54, 190
decline	56, 122
decorate	58
decorative	58

decrease	17
dedicated	94
deduce	59
deduction	174
deem	187
defeat	62
defect	123, 177
defer	31
deficit	171
definitely	104
degree	159
delay	122
deli	218
deliberate	94
delighted	74
delivery	183
demand	29, 55, 126
demonstrate	54
demonstration	55, 181
demote	23
denial	20
deny	20
department	166
departure	189
dependable	70
dependent	207
describe	22
description	22
deserve	47
designate	44
destination	192
destiny	142
determine	23
determined	23
device	178
devote oneself to	27
devoted	94
diagnosis	208
diminish	17
dine	218
disapprove	20

disaster	151
discharge	60
discipline	145
disclose	54
discount	182
discrimination	151
dismiss	60, 163
display	22
dispose of	241
dispute	154
disregard	48
distinguished	97, 111
distribution	181
district	140, 214
diverse	108
diversified	108
diversity	108
divide	35, 36
dividend	172
division	36
do away with	241
do ~ a favor	241
document	168
domestic	81
dominant	42
dominate	42
donate	46
donation	46
doorway	216
dose	209
downsize	165
draft	202
dramatic	100
draw up	228
drawer	199
dreadful	86
driveway	216
drop in on	228
due	90
due date	174
due to	228
durable	110
duty	132, 159
duty-free shop	191

E

eager	67, 85
earn	34
earning(s)	34, 174
economical	69
edge	154
edition	203
effect	66
effective	66
efficient	66
effort	116
either A or B	228
elderly	92
element	142
elementary	111
eligible	109
eliminate	50
embarrassed	96
embassy	194
emerge	33, 61
emergency	139
emerging	61
eminent	111
emission	196
emotion	131
emphasis	58
emphasize	58
employ	159
enable	37
encourage	23
encouraging	23
endeavor	117
endorse	20
endure	51
enjoyable	74
enjoyment	119
enormous	100
enroll	52

ensure	37
enterprise	166
entertain	38
entertainment	38
enthusiastic	93
entice	24, 80
entrée	217
entrepreneur	166
envious	39
environment	210
envision	28
envy	39
equipment	177
equivalent	110
errand	145
especially	78
establish	42
establishment	42
esteem	19, 125
estimate	35
eternal	101
ethical	156
ethics	156
evacuation	212
evade	49
evaluate	43
evaluation	43, 140, 161
eventually	88
every other	242
evident	103
evidently	87
evolution	154
evolve	154
exact	86
exactly	74
examination	42
examine	42
examinee	42
excellent	84
except for	228
exceptionally	78
exchange rates	170
exciting	81
exclude	26
exclusive	87
excursion	192
execute	40
executive	166
exhausted	95
exhibit	23
exhibition	180
expand	41
expansion	41, 165
expect	17
expend	45
expenditure	174
expense	174
expensive	68
experience	120
experiment	120
expertise	159
expiration	50
expiration date	184
expire	50
explain	22
expose	58
exposure	58
express	22
expression	22
expressway	195
extend	41
extension	41, 200
extensive	98
extra	75, 103
extremely	105

F

fabric	155, 178
facility	176
factor	142
fairly	88
faithful	70
fall behind	242

fame	150
familiar	67
fantastic	100
far from	242
fare	194
fascinate	24
fashion	125
fasten	190
fatality	142
fate	142
fatigued	95
fault	123
favorable	82
fear	128
feature	125
fee	187
feedback	137
feel free to do	228
feeling	131
figurative	117
figure	117
figure out	242
file for	242
fill out [in]	229
finalize	59
financial	68
fire drill	198
firm	71, 164
fiscal year	174
fit	39
fitting room	185
fix	53
flat tire	195
flavor	219
flaw	123
flexible	70
flu	209
focus	27, 119
fold	52
for a while	229
for instance	229

for the time being	229
forbid	49
force	55
forecast	28
forgive	25
forgiveness	25
form	138
formal	67
former	72
fortunately	79
fortune	141
foster	16
framework	155
frequently	77
fridge	210
from now on	229
front desk	198
fulfill	187
fun	119
function	121, 177
fund	172
fundamental	107
funny	119
furnished	215
further	75
furthermore	105

G

gadget	178
gain	34, 135
garment	210
gender	156
generate	26
generation	128
generous	82
genuine	108
get back to	242
get in touch with	28
get rid of	60, 243
get to	28
get together	243
give up	34

globalize	165
go ahead with	41
go over	230
gossip	124
grab	62
gradually	78
graduate	160
grateful	82
gratitude	131
greet	206
grocery story	184
gross margin	175
guarantee	37
guideline	122

H

habit	149
hallway	198
hand in	230
handle	18
handout	167
hang	53
happen to do	243
hardly	77
harsh	86
have nothing to do with	243
have yet to do	243
help oneself to	244
help wanted	158
heritage	149, 192
hesitant	25
hesitate	25
hierarchy	166
high-profile	111
highlight	58
hinder	36
hint at	54
hire	160
honesty	148
honor	131
hospitality	130
hospitalize	208
host	38, 51
hostile	110
household	81, 210
huge	100
human resources	161
humble	96
hurt	32

I

ideal	87
identical	110
idle	85
ignore	48
illness	207
immature	92
immediately	78
immense	100
immigration	190
impact	139
impede	36
imperative	109
implement	40
implementation	40
implication	54
imply	54
impolite	67
impose	55
impress	24
impression	97
impressive	24, 97
improve	25
improvement	25
in (the) light of	244
in addition to	230
in brief	244
in charge of	230
in connection with	244
in effect	244
in fact	230
in favor	168
in favor of	231
in general	231

in good shape	208
in honor of	231
in search of	244
in spite of	231
in terms of	231
in the black	173
in the long run	245
in the meantime	245
incentive	136, 162
inclement	211
include	26
income	175
increase	17
incredible	99
indicate	29
individual	71
industrious	94
industry	170
inevitable	100
inexpensive	68
infant	213
infer	59
inferior	85
influence	47, 123
informal	67
informative	96
ingredient	218
inheritance	149
initial	73, 86
initiative	153
injury	207
innovation	154, 176
innovative	83
input	136
inquire	33
inquiry	33
insert	63
insight	153
insist	55
inspect	42
inspection	42
inspiration	47
inspire	47
installment payments	183
instead	88
instead of	232
institute	42, 133
institution	133
instruct	134
instruction	134
instrument	153
insurance	207
integrate	62
integrity	148
intellectual property rights	188
intelligent	80
intend	21
intensive	98
intention	21
intentional	94
interest rate	172
intermediate	110
internal	81
interrupt	50
intersection	195
interview	160
intricate	99
intuition	153
invalid	83
invaluable	84
invent	136
invention	136
inventive	83
inventory	177
investment	170
invitation	18, 204
invite	18
invoice	187
involve	26, 36
IPO (Initial Public Offering)	165
irritate	62
issue	128

item	126	line	146
itinerary	194	literally	105
		livelihood	210

J

jammed	195	lively	95
janitor	199	locate	52
jet lag	191	location	146
job history	159	logical	69
job vacancy	160	long-term	101
join	18	look after	232
judgment	123	look forward to	232
		lost and found	191

K

keen	93	lot	146
keep up with	232	loyal	70
kitchenware	218	loyalty card	183
		lucrative	91

L

labor union	161	luncheon	217
laboratory	176	luxurious	68
lack	27	luxury	181

M

land	191	machinery	176
landmark	141	magnificent	98
landscape	141	main	86
lapse	50	maintain	36, 55
last	30	maintenance	37, 198
later	104	major	159
launch	41	majority	140
laundry	210	make a difference	245
lawful	70	make it	245
lay off	161	make sure	37, 232
lazy	85	make up for	246
leaflet	181	manage	32
lean	53	management	165
legacy	149	mandatory	109
legal	70	mansion	216
legend	149	manual	80
legitimate	70	manufacturing	177
lessen	17	manuscript	202
let alone	245	mark down	182
letterhead	203	market share	179
levy	55	marvelous	100
liable	68	masses	150
limit	60		

massive	100
match	39
material	177
matter	121
mature	92
maximize	61
meal	218
means	120
measures	121
medication	208
meeting room	199
memorandum	201
mend	53
merchandise	180
merely	106
merge	62
merger	166
method	121
meticulous	71
microwave oven	219
mileage	196
mind	124
mindful	93, 124
minimize	61
minority	140
minutes	167
misfortune	141
misleading	111
miss	34
mission	135
mode	155
modest	96
modify	59
monthly	72
moreover	105
mortgage	215
motivate	46
motivated	46
motivation	136
move	167
multiply	35

mutual	80

N

national	81
nearly	88
neat	92
needless to say	246
neglect	48, 129
negligence	129
negotiable	187
neighborhood	147, 214
neighboring	102
neither A nor B	232
nervous	95
new recruit	159
next to	102
niche	180
no sooner ~ than	246
nominate	44
nominee	44
notable	111
notice	114
notion	155
now that	246
nutrition	219

O

objection	168
objective	133
obligation	132
oblige	132
obliged	82
observance	43
observation	43
observatory	43
observe	43
obstacle	150
obtain	34
obvious	103
occasion	118
occupation	159
occupied	54, 102
occupy	54

271

occur	45
offend	151
offense	151
omit	49
on behalf of	233
on duty	246
on occasion	118
on purpose	233
on the contrary	246
once and for all	247
operation	114
opportunity	118
opposite	76
option	138
optional	138
orderly	92
ordinary	76
organization	133
organize	133
originate	26
orthodox	103
otherwise	79
out of stock	183
out of the question	247
out of town	192
outcome	136
outlet	181
outline	54
outlook	135
output	177
outstanding	97
overall	99
overdue	97
overhead racks	190
overnight	88
overseas	89
oversee	57
owe	44
own	34
owner	35

P

pack	53
paid holidays	162
pain	152
painful	152
painting	193
pantry	199
paper jam	203
parking lot	197
partial	99
participant	19
participate	18
particular	71
particularly	78
party concerned	186
pass away	247
passenger	189
passion	132
passionate	132
pastime	193
patience	143
patient	143, 209
patron	130
patronage	130
pay attention to	27
pay off	233
paycheck	162
pedestrian	196
pension	207
perception	144
performance	161
periodical	202
permanent	101
permission	129
perpetual	101
perplex	51
perseverance	143
personal belongings	189
personnel	161
perspective	155
persuade	27

persuasion	27
pharmacy	209
phase	153
pick up	233
pile up	247
PIN (Personal Identification Number)	184
pity	155
place	141
plain	96
plant	176
pleasant	74
pleased	74
pleasure	120
plug in	247
plumbing	216
point of view	135
point out	233
policy	114
polite	67
pollution	212
portfolio	170
portion	142, 152
position	158
possess	35
post	47
postpone	31
posture	144
potential	84
pour	63
practical	70
practice	114
praise	56
preceding	73
precious	98
precipitation	211
precise	86, 98
predecessor	163
predict	28
prefer	26
preference	26
prejudice	151
premier	103
premises	214
premium	208
preparation	17
prepare	17
prescription	209
presentation	167
preserve	45
preside over	51, 167
press conference	181
pressing	73
prestige	150
prestigious	111, 150
presume	59
prevent	36
previous	73
priceless	84
primary	86
prime	86
principle	145
printer	203
prior	73
prior to	248
priority	138
privilege	138
prize	204
procedure	134
proceed	41
procurement	178
produce section	184
profession	160
proficient	91, 159
profit	175
profit margin	180
profitable	91
progress	118
prohibit	49
prominent	111
promote	23
promotion	23, 162

promptly	78
proof	45, 146
proofread	202
proper	68
proposal	115
propose	115
prospect	125, 135
prospective	84, 125
prosperous	91
prototype	177
prove	44, 146
provide	20
province	140
provision	20
public transportation	196
publish	202
publisher	202
punctual	73
purchase	178
purpose	126
put off	31, 233
put up with	51, 234
puzzle	51

Q

qualification	160
qualified	83
quality	118, 177
quantity	118
quarantine	190
quarter	175
quarterly	72
questionnaire	180
queue	147
quit	34, 161
quite a few	248
quotation	187

R

railing	216
raise	162
range	145
rare	104

rarely	77
rate	143
rational	69
reach	28
reach a conclusion	169
real estate	214
realization	21
realize	21
really	79
rear	146
reasonable	69
rebate	182
receive	17
reception	206
receptionist	199
recession	171
reciprocal	80
recognition	21, 179
recognize	21
recommend	28
recommendation	29
recover	56, 171
recovery	56
recyclable	212
reduce	17
redundant	110
refer	137
reference	137
reflect	48, 140
reflection	48, 140
reform	138
refrain	50
refreshments	190
refund	46, 183
refuse	56
regard	125
regardless of	234
region	140
regional	140
register	52
registration	52

regret	36
regrettable	36
regular	76
regularly	77
regulate	52
regulation	52
reimburse	46
reimbursement	174
reinstate	61
reject	56
relationship	130
relatively	106
reliable	70, 109
relief	55
relieve	55
relocation	161
reluctant	96
rely on	248
remain	30
remark	144
remarkable	97
remind	30
reminder	30
remit	171
remote	102, 213
removal	60
remove	60
renew	30
renewal	30
renovation	214
renown	150
renowned	111
rent	215
repair	53
replace	31
replacement	31, 162
reply	202
report to	248
represent	137
representative	137
reputation	150

require	29
requirement	29, 159
reschedule	31, 48
research & development (R&D)	176
reserve	19
residence	214
resign	162
resign from	34
resort to	248
respect	124
respective	72
respondent	180
responsible	68
rest	124
restart	57
restore	60
restrict	60
restructure	164
result	115, 136
résumé	57, 159
resumption	57
retail	181
retire	163
retreat	193
retrieve	201
return	183
reunion	204
reveal	58
revenue	175
review	140
revise	38
revision	38
revoke	31
revolve	48
reward	115
right away	78, 234
risk	126
role	127
room	124
rotate	48

roughly	106
round-trip	197
routine	144
row	146
royalty	187
RSVP	205
rude	67, 93
rule	42
rumor	124
run	18
run errands	249
run into	249
rural	102

S

sales representative	180
savings account	172
scarce	104
scenery	141
scheme	153
scholarship	160
sculpture	193
seal	187
search for	38
secondary	86
sector	152
secure	37, 71
see to it that	249
see ~ off	234
seek	38
seemingly	87
segment	152
seize	62
seizure	62
seldom	77
sentiment	131, 148
separate	36, 72
serene	101
serial	90
serious	75
serve	61
settle	56

settle down	249
settlement	56
severe	86, 102
shelf	199
shelve	31
shift	162
shipping	177
shop clerk	183
short cut	195
shortcomings	123
shot	209
show up	234
shut down	165
sick leave	209
side by side	249
sidewalk	197
sightseeing	192
signature	187
significant	75
similar	77
simultaneously	78
sink	219
sip	219
site	146
situation	115, 121
sizable	108
skill	159
slightly	106
sluggish	170
small change	172
smart	80
so far	234
social security	129
solution	123
solve	123
sophisticated	67
souvenir	193
spare	76
specific	72
specifications	177
spectacular	98

speeding	196
spill	63
splendid	98
split	36
spouse	207
spur	136
stable	71
stack	63
stage	153
stairs	216
stance	144
stand	39
standard	122
state	54
state-of-the-art	112
statement	54, 171
statistics	180
statue	193
status	150
steady	71
stern	86
stimulate	46
stimulus	46, 136
stock	171
storehouse	177
stow	53
strategy	132
strength	127
stress	58
strict	86
structure	147, 155
struggle	154
stuff	127
sturdy	110
subcontract	177
submission	16
submit	16
subordinate	163
subscribe to	202
subsequently	104
subsidiary	164

substantial	82, 108
substitute for	31
subtract	35
suburb	214
subway	196
succeed to	31
successful	91
successive	90
sue	188
suffer	32
sufficient	77
suggest	29
suggestion	29
suit	39
sum up	250
summary	168
superb	100
superficial	139
superior	85
supervise	57
supervisor	163
supplier	178
supply	126
supply room	199
suppose	21
surface	139
survey	119
survival	57
survive	57
suspend	31, 50
suspense	31
suspension	31
sustain	45
sustainable	107
sweep	212
sympathize	143
sympathy	143
symptom	208

T

tackle	57
tactic	132

take advantage of	235	tradition	123, 149
take effect	186	traditional	76
take off	60	traffic signal	196
take over	235	training	159
take over from	31	tranquil	101
take part in	19	transaction	171
take place	235	trash	212
take turns	48	treat	120
take ~ for granted	250	treatment	208
tame	81	trend	125
tap	211	trial	188
tardiness	163	trust	117
tax return	173	trustworthy	109
temperature	211	try on	235
temporary	101	tune	193
tend	32	turbulence	190
tendency	32, 125	turn around	250
tentatively	106	turn down	56, 236
term	143	turn off	236
terminate	187	turn out to be	45, 251
terms and conditions	187	typical	101

U

terrible	86
terrific	100
thankful	82
thanks to	235
the bottom line	169
theme	127
thoroughly	106
thrilling	81
thriving	91
tidy	92
tip	147
to go	218
to some extent	250
to the point	250
toast	205
toddler	213
tolerance	143
tolerate	51
toll-free number	180
trade show	179

unanimous	94
unavoidable	100
unbelievable	99
uncover	58
under construction	195
under way	236
undergo	32
underline	58
unemployment rate	172
unfold	53
unfortunately	78
unusual	101
unveil	58
unwilling	96
up to	236
up-to-date	85
upcoming	90
update	38
upgrade	38

upright position	189
urban	102
urge	46
urgent	73
used to do	236
utensil	218
utilities	210

V

vacant	102
vague	107
valid	83
validate	45
valuable	84
value	115
various	108
vast	100
vehicle	195
vendor	181
ventilation	198
venture	135
venue	147
verify	45
vex	62
vicinity	147
view	125
violate	187
vision	149
vital	108
void	83
voluntary	94
vote	167
voucher	182
voyage	192

W

warn	139
warning	139
warranty	184
washing machine	210
waste	45
way too	251
wealthy	69

weary	95
weather report	211
welfare	129
well-being	129
well-known	111
well-to-do	69
when it comes to	251
whole	80
wholesale	181
wipe	212
wish	120
with regard to	251
withdraw	171
work on	251
work out	252
work overtime	162
workshop	167
worried	85
worrisome	22
worry	22
worthy	81
wrap	53
wrap up	59, 252

Y

yearly	72

● 著者紹介

成重　寿　Hisashi Narishige

三重県出身。英語教育出版社、海外勤務の経験を生かして、TOEICを中心に幅広く執筆・編集活動を行っている。著書は『TOEIC TEST英単語スピードマスター』、『新TOEIC TEST総合スピードマスター 入門編』共著、『新TOEIC TESTリーディングスピードマスター』、『新TOEIC TESTリーディング問題集』、『TOEIC TESTビジネス英単語Lite』、『TOEIC TEST英熟語スピードマスター』共著（以上、Jリサーチ出版）など。

Vicki Glass　ビッキー・グラス

アメリカ・カリフォルニア州バークレー出身。ライター・編集者・ナレーターとして多彩に活動している。東進ハイスクールのチーフ・イングリッシュエディターを務めるほか、CD、DVD、ラジオ・テレビ番組のナレーションを行う。著書に『新TOEIC TESTリスニング問題集』、『新TOEIC TEST総合スピードマスター 入門編』共著、『新TOEIC TEST総合スピードマスター完全模試』、『TOEIC TEST英熟語スピードマスター』共著（以上、Jリサーチ出版）など。

カバーデザイン	滝デザイン事務所
本文デザイン+DTP	江口うり子（アレピエ）
イラスト	みうらもも
翻訳・校正協力	深瀬正子
CD録音・編集	㈶英語教育協議会（ELEC）
CD制作	高速録音株式会社

TOEIC® TEST 最頻出語スピードマスター

平成23年（2011年）9月10日発売　初版第1刷発行

著　者	成重寿／Vicki Glass
発行人	福田富与
発行所	有限会社　Jリサーチ出版
	〒166-0002　東京都杉並区高円寺北2-29-14-705
	電話 03(6808)8801（代）　FAX 03(5364)5310
	編集部 03(6808)8806
	http://www.jresearch.co.jp
印刷所	㈱シナノ・パブリッシング・プレス

ISBN978-4-86392-071-2　禁無断転載。なお、乱丁・落丁はお取り替えいたします。
©Hisashi Narishige, Vicki Glass, All rights reserved.